河南科技大学学术著作出版基金资助

西北地区环境变迁与农业可持续发展研究

王向辉 韩灵梅 著

中国社会科学出版社

图书在版编目（CIP）数据

西北地区环境变迁与农业可持续发展研究/王向辉，韩灵梅著．—北京：中国社会科学出版社，2015.6

ISBN 978 - 7 - 5161 - 6356 - 6

Ⅰ.①西…　Ⅱ.①王…②韩…　Ⅲ.①环境影响—农业可持续发展—研究—西北地区　Ⅳ.①F327.4

中国版本图书馆 CIP 数据核字（2015）第 147108 号

出 版 人	赵剑英	
责任编辑	刘晓红	
责任校对	周晓东	
责任印制	戴　宽	
出　　版	中国社会科学出版社	
社　　址	北京鼓楼西大街甲 158 号	
邮　　编	100720	
网　　址	http：//www.csspw.cn	
发 行 部	010 - 84083685	
门 市 部	010 - 84029450	
经　　销	新华书店及其他书店	
印　　装	北京君升印刷有限公司	
版　　次	2015 年 6 月第 1 版	
印　　次	2015 年 6 月第 1 次印刷	
开　　本	710×1000　1/16	
印　　张	11.75	
插　　页	2	
字　　数	226 千字	
定　　价	45.00 元	

凡购买中国社会科学出版社图书，如有质量问题请与本社发行部联系调换
电话：010 - 84083683
版权所有　侵权必究

序

孟子曰："衣食足而知礼仪"。人类要发展，首先必须吃、穿、住。物质资料生产是政治、科学、艺术、宗教等上层建筑的基础，也是人类社会存在和发展的基础。民以食为天。农业生产之所以重要就在于它提供了人类绝对不可缺少的生活资料和生存物质。不论何人和从事何种职业，都得以农业生产的动植物产品为其生活、生存和发展之必需。孔子在陈绝粮后惶惶不可终日，说明圣人先哲和凡夫俗子对农业产品有同样需求。人类的生存与农业相依为命；人类的发展实与农业并道同行。农丰则国安，食足则民乐，从过去到现在，从国内到国外莫不如此。

农业是环境的一部分，是人为创造的环境。长期的人为耕作栽培活动既改变了农业本身的环境要素，又从正、负两方面改变了受其影响的自然环境。农业的兴起为人类的生存和发展奠定了基础，也为文明大厦的建设和社会发展做出了异乎寻常的贡献。但最富于创造力的人类在谋求进步和发展过程中却有恃无恐，滥垦滥伐，不断地破坏自身难以创造的自然遗产：森林、水源、河流和土地；不合理地栽培耕作，不顾后果的掠夺式经营进一步强化了对农业生态环境的恶化。这些负面的影响不仅直接毁掉了人类可以利用的自然资源基础，也毁掉了人类赖以生存的生态环境，威胁着人类的可持续生存，必须引起高度注意和惊觉！

从历史的角度研究农业环境的变迁和其对自然环境的正负影响，以史为鉴，既可知过去，也可知演变。本书从环境变迁与农业持续发展理论研究入手，界定了环境与农业环境，提出环境变迁理论。引入生态学的环境胁迫理论，通过对历史时期、近代时期和现代农业环境变迁分析，提出气候变化胁迫、灾害环境胁迫、生态环境胁迫和土地污染胁迫四个概念。根据西北地区自然灾害多发，造成危害严重等特征，引入灾害风险理论，提出农业减灾构思。利用区域生态脆弱性分析，根据西北地区脆弱区环境变化与农业发展的对应关系，构建了区域农业生态治理理念。这些认知，对农业进一步发展和对环境治理有重要意义。

诗以言志，文以载道。要把这些认知变成群众保护和改善环境、保证农业持续发展的行动，就需要以文为载体，传播这些认知。"言而无文，行而不远"。向辉在读研和读博期间，专门从事西北地区自然灾害、环境变迁与农业可持续发展研究，思虑独到，认识深入，论有据而不落俗套，言有物而不随流。书成后以文稿见示，并嘱作序。读后颇有感悟，乃欣然命笔，遂成数语，是以为序。

西北农林科技大学教授　李生秀

2015 年 5 月于北校区

目　录

第一章 绪论

第一节 选题的目的和意义

一 选题目的

西北地区区域广袤，行政区划概念下，指陕西、甘肃、青海三省及宁夏、新疆两自治区，简称"西北五省区"，受地理、气候、环境等因素影响，存在不同的地貌特征；从气候因素来分，可分为内陆干旱区与半干旱区域；从农业经营来分，有平原、高原、山地、谷地、绿洲、沙漠等农业区域；从农业技术类型来分，可分为雨养农业区域、绿洲农业区域、高寒山地农业区域、灌溉农业区域。近几十年来，水土流失严重，土地荒漠化加剧，草场沙化严重，环境的日趋恶化，进一步诱发了自然灾害频发，尤其干旱灾害对农业危害最重，干旱缺水的气候环境成为农业发展的"瓶颈"。

西北地区幅员辽阔、自然资源丰富，人口密度相对较低，具备开发生产、发展经济、促进社会全面进步的基本条件。但经历了汉唐时期的极度繁荣之后，随着国家经济重心的进一步南移，西北地区社会经济发展渐趋缓慢。尽管明清时期西北开发有回潮之势，但是，西北地区"颓势"格局基本确定，几成"贫瘠"、"荒凉"、"落后"的代名词。尤其值得关注的是西北地区生态环境脆弱的态势从历史时期开始一直在增强，广大西北地区陷入生态恶化与贫困加重的恶性循环中，使中部和东部地区环境和经济发展受到很大危害。环境恶化已经成为影响区域经济、社会和农业发展的严重问题，引起人们的广泛关注。

二 选题意义

西北地区资源环境丰富，但是历来不合理的开发和利用已经带来的严重的资源和生态环境问题一直存在，因此对该区域的生态环境给予持续关注和研究具有重要的现实意义。不但是对过去西北地区环境变迁历史的总结，更重要的是对西北地区未来生态环境保护和农业发展提出重要的建议以及相关政策。

西北地区的农业发展面临许多不利的因素，经济发展相对滞后，农业经营受传统影响较深，生产方式比较落后，生态环境脆弱和自然灾害频繁威胁十分突出。因此研究选择合理的农业技术类型和农业发展方式，挖掘西北地区农业生产潜力，对进一步改善生态环境，促进农民增收和农村经济可持续发展有重要的现实意义。

通过环境与农业发展的对应关系研究，可以拓宽区域环境变迁史和农业技术发展史的研究范围。研究中注重环境变迁同区域社会经济发展有机结合，探讨环境与技术、社会经济发展三者之间的互动关系，将对西北地区未来的农业发展模式做出正确的预判。

总之，通过对西北地区环境变迁和农业发展研究，不但对历史西北地区生态环境对农业发展造成的负面影响进行系统总结，而且重要的是为发展具有特色"西北道路"做出有益的尝试！

第二节　选题依据

一　现实依据

历史时期，由于西北地区各种自然灾害频发，加上战争人祸，自然生态不断恶化。近代以来，由于人口的增长过快、生产方式落后、农业长期不合理的开发，对西北地区的水、土、林、草等自然资源过度利用和掠夺，导致生态环境恶化加剧，造成西北地区水资源极度短缺，旱灾频繁发生，水土流失严重，草场退化明显，土地荒漠化加快，绿洲萎缩加剧。脆弱的生态环境已经成为农业发展、农民增收、农业经济发展的严重障碍，并且对维护农村稳定、民族繁荣、边疆安全构成了严重威胁。西北地区生态环境退化是发展的最大约束条件，因此如何选择农业技术措施改善和维护生态环境，促进西北地区农业和社会经济持续发展显得尤为重要。由于西北地区区域广袤，存在诸多如平原、高原、山地、绿洲、沙漠、草地等不同生态类型；加上气候、水资源、地理、经济、民族、社会等因素影响，就决定了西北地区的农业发展必然不平衡，存在区域性差别和多样化；因此西北地区农业技术发展类型必然也存在区域化、多样化和不平衡特征，这就为生态环境变迁与农业可持续发展两者之间的互动关系研究创造了很大的空间。

二　政策依据

改革开放30年来，我国各地区的社会经济取得了长足的发展与进步，东部地区利用其较好的经济基础、有利的地理位置、国家的政策扶持，经济和社会发展很快，现代化建设走在全国前面，人民生活相对比较富裕。西部地区，特别是西北地区，受历史、地理、气候、区域等诸多因素的影响，与东部地区相比存在很大差距，农民收入水平依然较低、农业生产方式依然落后、农村社会发展依然缓慢。我国东西部区域发展的不平衡问题已经成为我国重大的经济和社会问题，成为党和各级政府决策的核心问题之一。值得一提的是，世纪之交中央对西部大开发战略政策的提出以及实施，对西北地区的社会、经济、农业发展具有很大的促进作用。西部大开发的政策中提出："切实加强生态环境保护和建设。这是推进西部开发重要而紧迫的任务。"尤其2013年以来，随着习近平主席"一带一路"战略的提出，西北地区更值得关注，西北五省正好处于新丝绸之路的核心区域，上述对西北地区生态环境变迁与农业可持续研究提供了重要的政策指导方向。

三　理论依据

环境变迁研究属于环境历史研究领域，在人文社会学科研究中，人地关系仍是重要的支撑理论和热点。我国的环境研究，从20世纪80年代起注重从历史地理学和社会经济史等角度探讨人地关系，20世纪90年代起受国外环境史研究影响，国内许多学者纷纷学习和批判吸收国外环境史的理论和方法。开始从生态环境史等新角度研究人地关系，成果颇多。其中以介绍美国环境史研究专家唐纳德为例，从生态和文化批判的角度提出研究环境史的新方法，并指出环境史应以生态学为理论基础（高国荣，2006），这为中国环境史研究提供了新视角。此外，还有学者介绍了美国农业生态学家威廉·克罗农将生态学与经济学相结合的研究方法。中国学者对法国年鉴学派对环境史的研究理论学习也很多（唐纳德，2004）。其中从人与环境的关系的角度，探讨了环境史与年鉴学派在研究对象、研究方法、理论基础、历史观念等方面的联系与区别。在研究国外环境史的相关著作中，国内学者还注重对国外环境史研究的状况和最新理论成果加以吸收，创建中国自身的环境史学派；提出环境史是以建立在环境科学和生态学基础上的当代环境主义为指导，利用跨学科的方法，研究历史上人类及其社会与环境的相互作用（包宏茂，2002，2004，2005），为中国环境史研究提供了理论指导。在有关环境史的研究角度问题上，以国外著名学者伍斯特、伊懋可、多佛斯有关环境史的定义为基础，提出中国环境史的研究应从人口与环境、土地利用与环境变迁、水环境的变化、气候变化及其影响、工业发展与环境变迁、疾病与环境、性别族群与环境、利用资源的态度与决策、人类聚落与建筑环境、地理信息系统之运用十个角度进行深入研究（刘翠溶，2006）。研究范围有了进一步地扩大。

进入 21 世纪以来，中国环境史研究无论是在理论、定义还是内容、角度上都逐渐呈现出丰富化和多样化的特点，为开展西北地区的环境变迁研究提供了多元理论和角度支持。

第三节 国内外研究综述

西北地区的环境问题早在 20 世纪 60 年代左右就被史学界所关注，不过他们的研究视角不是西北地区的生态环境的破坏，而是该区域早期的人类活动或者黄土高原的植被状况。德国著名地理学家李希霍芬和我国 20 世纪 30 年代的地质学家丁文江对陕甘一带所在的黄土高原的原始植被就是草原持相同的观点（赵珍，2005）。20 世纪 50 年代著名历史地理学专家史念海对黄土高原做了重要研究，在随后的几十年发表了大量有关黄土高原植被历史时期人类活动对人类环境影响的论著，以所著 7 部《河山集》为其代表之作。20 世纪 80 年代以来，该区域有关生态环境变迁的研究内容丰富起来，研究队伍涉及人文社会科学和自然科学，研究区域以西北地区为主体，开始探索引起西北地区生态环境变迁的诸多因素及其互动关系。由于西北地区历史资料丰富，有关西北地区历史时期生态环境变迁的研究文章占据相当大的比例。

一 国内环境变迁因素研究

（一）气候变化与生态环境变迁

关于西北生态环境变迁的研究成果颇多，角度多有不同，但研究点大多是引起生态变迁的原因。

在《中国西北地区气候与生态变迁概论》一书中，认为西北地区生态环境的形成和演化是众多因子相互作用的结果，其中气候变化和人类活动是两个最活跃的因子（丁一汇等，2001）。以黄土高原植被变迁为例，历史时期黄土高原，气候存在干旱与湿润交替出现的现象，但是总的交替趋势是向干旱化方向演化，因而黄土高原土壤干层与植被演替问题就是受气候变化影响所致（李裕元等，2001）。在研究历史气候与两汉农业发展时，有学者就指出生态环境对农业发展至关重要，认为生态环境是整个社会经济尤其是农业经济发展的重要依托，历史时期农业的发展也是如此。并且着重指出生态环境诸因子中，气候条件及其变化是原发性要素，它的发展与变化直接影响着植被、土壤和循环状态，奠定了特定时期生态环境的基点。比如汉代属于温暖期，这一历史时期气候的相对温暖与湿润，带来了丰富的水资源，并使土壤与植被都处于良好的自然循环状态（马新，2002）。从历史时期来看，我国北方地区农业经济经历了一个由盛转衰的变化过程，除去政权更替因素、社会因素外，气候变化对生态平衡破坏是非常重要的原因（倪根金，1988）。因此认识和研究西部地区生态环境的历史变迁与植被资源现状尤为必要。历史时期，西北内陆南疆丝路带的兴衰同气候变化也有很大的关系。历次丝绸之路的繁荣期的起始都吻合于气候的相对凉湿期，而丝绸之路的衰落一般都与暖干期相对应，因此叶晗、李朝阳等（2014），认为绿洲丝路的兴衰与社会经济发展密切相关，但是气候冷暖变化也是丝路文明兴衰的自然基础。此外，历史上西北地区农牧民族和游牧民族在土地利用上的不同也是造成植被变迁的重要因素。东汉后，大量游牧民族迁入黄土高原区域，对天然植被破坏极大，造成东汉黄河下游生态恶化和水患频繁（王尚义等，2003）。

西北地区的自然灾害与气候的变化有很大的关系。以关中地区为例，关中地区历史时期气候交替变化较为频繁，重大自然灾害，尤其是旱灾出现频率高，且集中于6—10世纪，14—18世纪。研究后表明该地区历史时期灾害频数与气候变化有很好的对应关系，即灾害在气候突变时出现频率远高于气候平稳期（周晓红等，2006）。因此气候变化增加了自然灾害的发生频率和危害程度，在一定程度上对恶化生态环境起到诱因作用。历史时期西北地区多次农业开发，对边疆地区的农业生态环境造成极大破坏，其中大面积毁坏森林对水旱灾害有直接的诱发作用。比如汉唐时期对楼兰地区和河西走廊地区的乱伐滥垦导致河流迁移、水土流失、荒漠加剧的严重后果。但是反过来生态环境的恶化又对自然灾害的频发起到了推波助澜的作用，两者互为影响（党瑜，2001）。此外在明清生态环境变化与农业灾荒发生的相关研究中就说明了这一点。明清之际由于人口激增，政府在全国范围内的盲目开垦，给整个生态系统的变化带来更深刻的影响。不仅造成了严重的水土流失，而且引发或加重了洪涝、干旱、风沙等一系列环境问题（吴滔，1999）。特别导致江河淤塞，减弱了宣泄调节的能力，以致水旱灾害频繁。对西北地区生态变迁影响的自然灾害主要有下面几种：干旱灾害、水涝灾害、冰雹灾害、霜雪冻灾害、风沙灾害、地震灾害、滑坡泥石流灾害、虫类灾害、瘟疫、畜疫灾害和禾病灾害（袁林，1994）。

（二）不合理开发与生态环境变迁

人类行为对自然有两种表现，即合理行为和不合理行为。不合理开发成为导致西北生态环境变迁的重要因素。早在秦汉时期由于人类不合理的开发行为破坏了西北地区秀美的山川，导致了一些诸如水土流失、土地荒漠化之类的生态环境变迁（王涛，2003）。这种不合理行为在明清之际表现得尤为突出。指出，清初西北地区人口增长及其后的呈几何级数倍增，与原本就脆弱的土地资源生态承载力发生了巨大的冲突，破坏了西北地区人地关系和谐，导致生态环境的恶化趋势加快。其最后总结出人口增减随生态环境的变迁而变化，在人口增加到一个高峰后，必然在天灾或人祸的动荡中减少，之后又在移民、垦殖活动中，再次实现新系统的再生（赵珍，2004）。不过这种系统破坏后再恢复的过程不仅具有很强的滞后性，而且还将更加显现区域脆弱性特征。

人地矛盾加剧了人们向自然的索取度，人类只有增加土地的利用方式来延缓矛盾。而增加土地导致土地利用方式的无序性导致生态环境变迁。清代是兰州地区农业开发的重要时期，人口急剧增长造成人地关系紧张，人们不断开垦土地，重点也由平地和谷地转向山坡地带。对山地植被造成严重破坏，导致兰州地区生态环境急剧恶化（韦宝畏，2008）。清代是青海河湟地区农业持续发展时期。随着人口增加，土地垦殖的速度加快，到乾隆年间，位于河川谷地的农田均已开垦出来。此外土地的开垦逐渐伸延及山坡地。坡地、山地范围的增加，对山体植被破坏较大，水土流失加剧，造成部分农田的荒废及环境面貌的改变（陈新海等，2005）。不过近代，由于青海地区的人口增减变化，青海近代农垦所带来的生态变化和导致的环境灾害是客观存在的，应当引起重视，但仅仅局限在已有垦殖区域的局部地区，并没有波及全省范围（张保见等，2008）；上述观点认为不能把青海现有的水土流失、草场退化和沙化、河流及湖泊水域面积减少等全省范围内存在的生态环境问题完全归咎于近代时期的农业垦殖。这种观点目前很新颖。

历史时期新疆地区人类活动与环境变迁研究以罗布泊地区为例，以大量考古资料为基础，对新疆罗布泊地区河湖水量变化进行分析，认为魏晋以前河湖水量充沛、魏晋以后至元代河湖水量减少、清初至道光以前河湖水量充沛、清道光以后河湖水量减少，从而论证了历史时期罗布泊地区的人类活动与环境变迁的关系（韩春鲜等，2003）。此外，针对人类活动对环境变迁的影响还利用现代大比例尺航空遥感影像判读和历史文献分析方法结合实地考察等多种手段，对统万城遗址（匈奴族留下的唯一一座遗址，位于靖边县城北）从修建到废毁期间人类活动对当地生态环境脆弱地区的影响（邓辉等，2001）。针对环境变迁研究利用多种技术手段再现过程的研究手法比较新颖。

有关黄土高原地区人类行为与生态环境变迁的研究，主要是针对历史时期黄土高原人类活动与环境变迁相互影响，成果颇多（韩茂莉，2000）。由于黄土高原特殊的地理环境，历史时期生态承载量的变化也影响着环境的变迁。因此以人口负载量的变迁为线索，分析黄土高原农业发展与人口负载量以及生态负载量的关系，阐释生态条件的恶化对人口负载和农业发展的影响（王建革等，1996）。

西北地区农业开发与生态环境变迁的研究成果很多，主要得益于历史时期对西北曾有过三次开发高潮。研究学者认为：历史时期农业开发中的政策和技术措施不当是最终导致生态环境恶化的主要原因。

秦汉农业开发是历史上的第一次西部开发，其开发规模及开发程度史无前例，秦汉时期农业开发在创造灿烂文明的同时又引发了一定的生态环境问题（刘俊霞，2008）。惠富平等（2005）认为，汉代西北农区开拓的历史意义值得肯定，但也应看到，由于农耕区域的扩大，大规模开垦游牧区域的土地，对该区域生态环境所造成的不良影响。朱宏斌、樊志民（2003）认为广袤的西北地区，其生态环境总体相当的脆弱，在农业开发中、农业经营方式扩展的进程中，由于生态意识的缺乏和经营中的某种无序性，农业过度开发很容易生成诸多生态环境问题。

明清时期是西北开发的又一个高峰时期，这一时期农业开发与生态环境研究主要集中于人口压力与国家政策对生态环境的影响上。马雪芹（2001）认为：明代西北开发由于缺乏统一计划和合理安排，过于追求开垦顷亩，形成过度开垦。而过度开垦的结果又使得森林草原植被大量被破坏，生态环境条件恶化，引发水土流失、土壤沙化和黄河下游水患严重等后果。同时指出：明代屯田开垦过程主要做到了一要因地制宜，合理安排；二要完善管理，善始善终；三要开发与保护相结合。只有这样才能有效地改善生态环境。孟晋（2002）在清代陕西农业开发与生态环境破坏研究中着重介绍了清代陕南、关中、陕北地区，在人口日益增长的压力之下，不顾后果，过度砍烧森林、过度滥垦土地、草原等天然植被，导致水土流失严重，耕地面积也随之减少，干旱、水涝等自然灾害频发。李并成（2000）对历史上祁连山区森林的破坏与变迁进行研究后认为，明清时期农业开发与生态环境变迁关系密切。

党瑜（2001）对历史时期西北地区的农业开发及其对生态环境所造成的影响进行了探讨。并以新疆和河西走廊为例，重点分析了历史时期由于对楼兰、河西走廊等区域的不合理开垦、利用以及对森林的滥伐等，造成当地河流移徙、土地沙化等严重后果的现象。为了吸取这一历史教训，从生态环境的角度提出了在当今西北大开发中，应遵循自然规律，宜农则农、宜牧则牧、宜林则林、有效地保护生态环境。朱士光（1989）和马波（1992）对历史时期宁夏地区和甘肃河套地区农业开发对环境变迁的影响做了详尽的分析和论证。封玲（2004）对历史时期西北地区的各区域绿洲农业做了深入研究，她认为历史时期西北地区政治、经济的稳定与强盛是绿洲开发的先决条件，战乱、不合理的开垦、利用以及对森林的滥伐和过度放牧是造成绿洲沙漠化扩大的主要原因，人为因素和自然因素的叠加导致了绿洲生态环境的不断恶化。

（三）国家行为与生态环境变迁

陈业新（2004）对秦汉时期的国家行为与生态变迁进行了研究，他认为"国家政策及其指导下的政府和社会行为、活动对生态环境的变迁有很大的影响"。在封建社会里，统治者对生态资源进行巧取豪夺，丝毫不考虑生态环境的承受能力及其行为所产生的不良后果。秦汉时期的移民与屯垦边疆政策的推行虽然一方面开发了边疆，但另一方面却严重地破坏了北方特别是黄河上中游地带的生态，导致生态灾害的频发。而王玉茹等（2006）则从国家行为对生态环境变迁的角度进行分析，认为导致西北生态环境不断恶化的根本原因在于以国家为本位军事型西北开发战略的选择。于是掠夺性的开发带来对土地的滥垦、水资源的过度开采以及人地关系的高度紧张。钟银梅（2008）认为历史时期国家对西北的开发，虽然对开垦荒地，巩固边防，促进区域农业经济与民族交流融合有过一定的成效，但是在历代军政推动下所造成的开发具有非连续性和非计划性，其直接后果就是造成西北地区生态环境的急剧恶化。因此，历史时期的国家开发终究不能从根本上把西北社会带入全面、持久的良性发展轨道，相反还在一定程度上给今日西北地区的生态环境造成了一系列负面影响。

由于清初人口前所未有的大爆炸，导致各级官府不得不采取移民就宽乡的政策开发西部地区。清代内蒙古与陕北、甘肃、宁夏交界的长城内外一带，明清以来，农业垦殖的范围不断扩大，尤其是陕西北部或者山西西部越来越多的农业移民相继迁居漠南蒙古西部地区从事农垦种植，在草原上开辟新垦区。而此时期出现的"走西口"导致该区域人口密集，农业无序开发最终导致荒漠化严重（刘春玲，2007）。赵珍（2004）在清代西北地区的人地矛盾与生态变迁研究中认为：上述行为最终导致草原地区农耕人口大规模的增加。净增了43万多。另外，造成草原面积的不断缩小和农牧界限的北移。这样的后果就是草原荒漠化加剧，环境持续恶化。因此陈树志等（2007）认为，人口迁移对环境造成影响，还要综合考虑迁移的各种因素，才能得出人口迁移对环境造成影响，同样环境对人口迁移又具有反作用。此外，薛平拴（2001）和谭作刚（1986）撰文对明清时期陕西境内移民、农业垦殖与自然环境的动态变化关系进行综合考察。

国家在农牧区域实施的政策不同也会导致环境恶化。李喜霞（2004）认为：西北地区由于历史时期农业地区和畜牧地区的几次交替演变，除高山峻岭无人过问外，原先茂密的森林被砍伐殆尽，为了扩大耕地，越来越多的草地也被开垦成农田，造成严重水土流失。最明显的区域是黄土高原。束锡红等（2007）认为秦汉以来宁夏区域农牧业经济开发活动与自然环境变迁两者之间互为进退。对宁夏农牧业与生态环境变迁研究最为系统的是张维慎（2002），其研究时间纵贯整个历史时期，研究内容涉及水利建设、土地垦殖、土地沙漠化等。材料详尽、数据充分、成果突出。是一部研究宁夏农牧发展和环境变迁历史的力作。阚耀平、樊如森的《近代西北地区农牧业开发对土地资源的影响》一文从历史地理学的视角，探讨了农牧业发展与生态变迁的关系。笔者认为，由于近代西北农牧业产品的市场化和外向化水平明显提升，人们在农牧业上掠夺式的经济活动严重破坏了土地资源，加剧了该区域土地沙漠化。还有学者从土地垦荒与撂荒的角度探讨与生态变化的关系。谢丽（2005）认为，影响民国和田地区耕地撂荒的关键是当地水资源总量与人口规模、耕地面积总水平的平衡关系，越过这个平衡就必然引起耕地的撂荒或生态环境恶化。在清代西北地区，农业开发不但造成区域生态环境的变迁，而且也逐渐改变了西北地区农牧业生产结构。姚兆余（2004）认为，清代在西北地区实施大规模农业开发，使西北地区的农牧业经济结构发生了重大的变化，农业生产的区域不断扩大和增加，农业经济日趋兴盛；到清代后期，农业经济已经逐渐代替牧业经济，在西北地区社会经济生活中占主导地位。吕卓民（2001）对西北地区农牧业发展历史与演变研究后认为，肯定西北开发的历史功绩的同时，也带来了严重的生态环境问题，认为西北本是农牧兼宜之区域，只有遵循自然法则与经济规律办事，宜农则农、宜牧则牧，合理安排农牧业生产布局，才能在恢复生态效益的基础上，走西北地区社会经济可持续发展之路。此外，赵珍（2005）针对长期农牧民族杂居的甘宁青区域进行研究认为，清代至民国期间，甘青宁地区农牧交界带农耕和游牧民族因生存而争夺"草场和耕地资源"，结果导致一方面弱化了这里原本脆弱的生态环境，另一方面也引发了一系列社会矛盾，成为社会不稳定的因素之一。

总之，历史时期西北地区农耕区域的扩大和过度开发，不仅危害了生态环境，还造成了环境危机，引发了一系列严重的社会和政治问题。因此西部的农业开发"必须坚持开发与生态内在机理相协调的战略，遵循生态伦理价值观，走可持续发展之路"的建议（杨宏伟，2005）。

（四）农业技术利用与环境变迁

郑磊（2001）还以旱灾为切入点，研究了民国时期关中地区生态环境变迁与经济结构的关系，很有创意。

单单从农业技术的角度讨论环境变迁的研究尚不多见。萧正洪（1998，1999，2003）专门研究了西北地区农业技术选择与生态环境的问题。论文认为，清代西部地区的特殊环境使粗放类型的农业技术得到广泛采用，导致了生态环境日趋恶化。如宁夏平原采取的灌溉技术是北方地区通行的大水漫灌，只灌不排，导致土地盐碱化等。在研究方法上，萧正洪认为西北地区农业技术选择研究应用历史地理学、农学、经济学等学科的研究方法，从历史地理学与农业技术史跨学科结合的角度，利用区域差别与技术选择，人口与技术选择对清代西部地区历史农业技术进行研究，发表了颇有见地的论文，开辟了农业技术地理研究的先河。萧正洪的《环境与技术选择——清代中国西部地区农业技术地理研究》一书可以说是目前研究西北地区环境变迁与农业技术选择的最全面的专著，其认为农业技术选择与生态环境变迁之间存在互动关系。其中"选择粗放的技术类型同特定环境下经济生产和生活方式关系密切；而选择的粗放技术到了一定的程度就会反过来对环境产生严重影响"的观点对西北当代生态脆弱地区如何选择正确的农业技术有着重要的指导意义，对本书有重大的启示作用。姚兆余（2003）从农业开发的技术路径着手，讨论了明清时期西北地区开发技术与生态环境之间的关系。笔者认为，明清时期西北地区农业开发对生态环境之所以造成巨大的破坏作用，与农业开发的技术路径息息相关，大规模移民造成了人地关系的恶化；水资源过量开发，导致水资源减少；生产技术原始落后，只好通过扩大垦殖规模来增加粮食产量。而滥垦土地的后果就是造成地表生态系统的失调。

从农业技术选择研究角度的还有王向辉（2007），认为西北地区的季节性自然灾害对农业技术选择影响很大，为了降低灾害风险，有效控制自然灾害的发生发展，历史时期西北地区在长期的农业生产实践中选择了一系列行之有效的农业技术措施进行防灾、抗灾和减灾，对促进西北地区社会经济发展和改善生态环境起到了重要的作用。

在西北地区诸灾种中，对农业影响最大、危害最重的莫过于旱灾（程国栋，2006）。西北地区在干旱环境因素影响下，1900年以来旱灾发生的频率持续增加。综合分析西北五省地区的旱灾历史发现，呈现出显著的区域差异。陕西关中、陕南大部、陕北延安及铜川等地，甘肃中部、东部以及宁夏境内旱灾发生频率较高，危害严重，为历史重旱灾区（梁旭等，1999）。汤长平（1999）认为，古代甘肃气候日趋干旱，既是全球气候变化使然，又应归咎于人类对自然资源不合理开发甚至破坏行为。古代甘肃地区人民采取开沟挖渠、植树造林，改善农业生态环境技术措施进行抗旱。此外，卜风贤（2001）对该时期的农业灾害种类进行系统的总结和分析，并从农业减灾的角度提出利用水利工程技术农业技术以及物理化学生物等方法进行减灾，对当今西北地区的农业减灾和生态保护具有很大的启示意义。王向辉（2008）认为，由于历史时期西北地区自然灾害频发，劳动人民选择一系列合适的农业技术进行减灾生产，取得显著的减灾成效，为当今西北地区利用农业技术抗灾减灾，改善生态环境提供了有力借鉴。

（五）政策制定与生态环境问题

新中国成立以后到改革开放之前，由于我国的人口政策、经济政策、政治导向等众多制度性影响因素，成为我国生态变迁的重要因素影响。但由于种种原因，至今这方面的研究成果很少见。西北地区同样如此。例如以粮为纲、毁林开荒、毁草开荒、大炼钢铁以及"重伐轻育"的林业政策对生态环境均有负面影响等，大部分学者对上述因素的积极方面均持否定态度，认为上述政策的实行造成了生态环境的恶化。不过近年来，针对"以粮为纲"与生态变迁研究又有新的观点。宋乃平等（2006）的研究文章从"以粮为纲"政策的历史背景入手，即当时我国正处在"粮食问题"阶段、人口进入新的增长时期、"三年自然灾害"背景刺激；运用生态学的定律分析了"以粮为纲"政策的时代合理性；探讨了"以粮为纲"政策与生态环境的关系及其在内蒙古伊金霍洛旗的实际表现。结果表明，执行"以粮为纲"政策与生态环境破坏并不是必然的因果关系，之所以出现后来的结果是没有重视农业资源的高效利用、没有走内涵式农业发展道路。此观点改变了以前对"以粮为纲"全面否定和片面认可的说法。高芸（2007）针对西北黄土高原实行"以粮为纲"与水土保持的关系进行了重新认识："以粮为纲"政策的实施在一定程度上加剧了水土流失，给黄土高原的生态环境带来一定程度的破坏；但另一方面，"以粮为纲"的农业生产政策，对于生态环境也是有建设性的贡献的。比如一些地区为了粮食增产而采取改造农田的修梯田、打坝等水保技术措施，客观上在一定程度上对当地的水土保持工作起到了促进作用。

其实"以粮为纲"政策的推行有着浓厚的背景因素。20世纪50年代末期，全国性的大饥荒造成粮食危机。而当时国家农业发展面临巨大困难，人民生活并不充裕。虽然国家一直非常重视粮食生产，但是直到改革开放的前期，人民的吃饭问题依然没有解决，人民的温饱问题是当时最大的问题。重视粮食生产成为历史赋予的重要使命。因此，判断一项政策的恰当与否，必须将当时的历史背景因素全面考虑进去，防止偏颇。对于环保主义者来说，忽视历史背景因素，一味追求生态环境效益是不可取的。

这对本书有很大的启示作用。

(六) 治理措施与生态环境问题

通过历史时期西北地区生态研究发现，有关对历史时期的生态环境变迁研究的通病就是只重视原因分析，而轻视治理措施。西北地区关于生态环境治理的技术措施很多，值得学者关注和深挖。改革开放以来，针对当代的生态环境变迁研究，除了从原因因素分析之外，更多的是解决环境问题的技术措施研究以及对策和建议。这一点同研究历史时期的环境变迁迥然不同。并且研究成果丰富，研究领域更广，研究队伍纵跨人文、自然学科。

目前现代环境变迁研究的问题是：人文社科学者主要是一些理论分析和政策建议，往往用民族学、人类学、社会学、历史学、心理学、经济学等理论与方法，研究历史时期的生态环境变迁。而自然社会学者注重本学科技术角度，偏重于利用气候学、地理学、生物学、水文学、生态学等学科的理论与方法来研究生态环境问题（汪志国，2005）。但是值得注意的是，在已有的生态环境变迁研究中发现，利用学科交叉进行研究逐渐成为环境史发展方向，并且很容易出成果。这对本书研究方法有重大启示。

进入 21 世纪以后，西北地区生态环境仍是国内众多学者关注的焦点，对西北地区整体生态环境变迁进行综合研究（马晓峰等，2000；奚国金等，2001；金磊，2001；刘远，2006），取得了一系列研究成果。以及中国工程院重大咨询项目——《西北地区水资源配置生态环境建设和可持续发展战略研究》，也出版了系列丛书。

此外，西北地区的生态环境研究成果主要集中在社会经济发展过程中出现的各种严重的生态环境问题。例如人口增长对生态环境的影响。童玉芬（2003）以定量模型为基础，分析了内陆干旱区（新疆）人口变动与生态环境退化之间的主要作用机制以及存在的主要矛盾。认为人口数量增长引起的资源环境压力，是导致干旱区环境退化的主要人为诱因，而人口的素质状况则决定了人口资源环境压力下最终的环境演化方向与后果。本书系统研究了西北地区人口与现代环境变迁的互动关系。例如，水资源缺乏与环境变迁的关系。毛德华等（2004）认为西北地区水资源与生态环境问题多样且严重，主要表现在：水资源贫乏，时空分布不均；用水效率低与过度利用并存；河湖萎缩；水土流失严重；土地荒漠化加剧；草地退化严重；水污染日益突出等。并指出问题的本质是社会经济发展和人口迅速增长造成对脆弱的水资源系统的压力剧增，经济用水挤占生态用水，因而最终导致了人地关系的失调；导致了西北地区水资源及生态环境问题的产生。有关水土流失与生态环境变迁的关系，牛银栓（2001）认为水土流失是生态环境恶化的祸根。郭廷辅（1999）认为水土流失也是黄土高原生态环境恶化和制约农业可持续发展的根本原因。关于土地荒漠化与环境变迁的关系研究，任朝霞等（2008）认为西北干旱区干旱少雨，生态环境脆弱，土地荒漠化问题严重。此外，沙漠化对中国西部地区生态环境建设增加了难度。周欢水等（2004）对中国西部沙漠化的分布、动态进行细致研究，认为土地沙漠化是西部大开发所面临的影响区域经济、社会、环境协调发展和资源可持续利用的问题，也是西部生态环境建设首要解决的问题。吴新年（1998）认为由于西北地区工业"三废"及农药、化肥的不合理利用，对大气、土壤和水源造成污染的现象在西北地区也日趋严重，逐渐成为影响西北地区生态环境变迁的重要因素。此外，自然绿洲农业变化与生态环境的变迁也是学者比较关注的角度。刘普幸等（2003）认为在西北地区绿洲农业发展中，生态问题给予充分关注，并对解决绿洲农业开展生态治理与可持续发展做了详尽论述。

改革开放以来，经济发展迅速，人民生活水平逐渐提高，国家综合实力增强。人们在关注社会经济发展的同时，开始逐渐关注和重视环境问题。其实环境问题在改革开放以前就已经存在，可是现在人们对环境问题的重视程度远远高于以前。这里有着深层次的原因，有待学者深入研究。

通过近现代环境变迁研究发现：发展权和生存权是自然赋予人类最基本的两个权利。发展权和生存权在自然界中互相依存又互相影响。在人类对自然界产生畏惧时，或者自然界与人类不和谐时，人的生存权总是处于第一位，发展权的位置相对靠后；而当自然界与人类和谐时，人类考虑的总是发展权，而忽视生存权。而恰恰正是这种忽视，才会引起自然界对发展权的惩罚，从而导致人类与自然界的不和谐。最终人类才考虑到生存权也是相当重要。因此如何正确处理人与自然、生存和发展的关系以及如何平衡人、自然界、生存权、发展权四者之间的关系成为环境变迁与农业技术选择研究必须考虑和重视的问题。

二 国外环境变迁研究

国外关于西北地区生态环境变迁的研究尚不多见。国外的生态变迁研究主要以自然科学学科背景尤其是地理学、生态学、地理信息系统等学科为主，研究区域和对象多在近几百年来区域或全球环境变化，以及全球环境问题引发的全球生态环境变迁问题研究。最初对环境变迁研究主要集中在环境影响评价、森林开采活动的环境效应、人类活动对流域开发的环境影响等方面。直到 20 世纪 90 年代以来，国际众多官方和非官方组织如 IGU、UIS、IAH、IAG 及学术界才对区域生态系统的人类活动的环境效应研究给予了高度重视。联合国教科文组织（UNESCO）、国际地质学联合会（IUGS）共同资助的国际地质对比计划（IGCP）还专门设立了脆弱生态系统研究专门课题组。Mirco M.（1991）还将人类活动影响的环境变迁、环境效应、土地利用与覆盖等作为脆弱生态系统研究领域中的重要热点之一。近 10 年来，随着喀斯特区域以石漠化为主要特征的环境退化问题日益严峻，学术界对喀斯特脆弱生态区研究的重点和方法有了明显变化，从原来的侧重自然过程与机理的纯技术研究转变到人类活动综合影响的环境效应、脆弱生态系统的生态恢复与重建等。由 IGBP、IHDP、WCRP 委员会共同发起并组织，来自世界 100 多个地区和国家包括 2500 名代表参加于 2001 年 7 月在阿姆斯特丹召开的国际性会议"变化着的地球的挑战"上，关于人类活动的环境变迁的学术专题几乎占所有讨论专题的 1/3，在分会讨论的三个单元中第二、第三单元都主要是探讨人类活动的全球或地区环境效应，这些专题大多为 IGBP、IHDP、WCRP、DIVERSITAS 的核心研究项目的主要研究内容。从这些国外研究的前沿性内容和学术交流情况可以清楚地看出，加深对人类活动在对环境变迁（退化）过程中的作用机制的认识，在揭示人类活动与自然相互作用机理和过程的基础上，建立人地系统动力学，正在成为当前环境变迁（退化）研究的一个重要而综合的研究领域，也是探讨有序人类活动模式的科学基础（文传浩，2007）。

由上述可见，国际上生态环境变迁研究主要归属到侧重于自然科学的生态环境变化研究方面，尤其是近一个世纪以来，由于全球气候变暖、温室效应、酸雨、臭氧层空洞等全球及区域性重大环境问题的深入研究。国外学者关注的范围更广一些。这也是国内学者与国外学者研究的差距。

三 环境变迁理论研究

针对生态环境变迁研究的理论方法上，谢莉（2006）引入经济学的制度变迁理论，探讨制度变迁与环境变迁的互动关系。本书从生态环境、制度、人的行为三者关系切入，构建制度变迁与生态环境变迁的一个模型，深入研究分析塔里木盆地这个生态环境极为脆弱而人类经济活动又十分活跃的区域，并从制度角度提供保护和改善生态环境的措施和途径。该研究提出的"制度变迁与生态环境变迁相互影响，其间存在互动关系，制度是生态环境变迁的深层次诱因"的假说很有新意。把经济学相关理论引入环境变迁史研究中来，值得学习和探索。值得注意的是，谢莉还在其研究中探讨了边疆地区的风俗习惯以及生态观念与生态环境变迁的影响。很有创意，对本书开拓思路很有启发。

四　农业可持续发展理论研究

（一）可持续发展的由来

20 世纪 90 年代可持续发展在世界范围引起人们的广泛关注，但正如 Farshad 和 Zinch（1993）指出的那样，其作为一种观念就像人类本身一样古老。在漫长的前工业文明进程中，由于人们征服自然和改造自然的能力低下，很自然地认识到人与自然和谐共生的重要性，因此，无论是在中国还是在国外，在传统农业生产实践中都可以找到可持续发展最朴素的思想（龚建华，1996）。随着工业文明的发展，在强大的技术和生产能力的支撑下，发达国家对自然资源进行掠夺式开发与利用，伴随着经济的繁荣，人类开始面临环境污染、土地退化、生态破坏、疾病蔓延、资源匮乏、生物多样性锐减、全球气候恶化、自然灾害频繁等社会环境问题，促使人们去反思，现代可持续发展的思想开始孕育。

1962 年，美国海洋生态学家雷切尔·卜尔逊（R. Carson，1962）出版《寂静的春天》一书，该书对美国农业、商业为追逐利润而滥用农药的事实以及对美国滥用杀虫剂造成对生物及人体的危害情况进行揭露，警示人们要善待环境。

1972 年，瑞典首都斯德哥尔摩召开联合国第一次人类环境会议，以巴巴拉·奥德（1997）提供的重要背景材料——《只有一个地球》为理论基础，这次会议通过了人类第一个具有划时代意义的全球纲领性环境文件《斯德哥尔摩人类环境宣言》。指出：（1）人类既是他的环境的创造物，又是他的环境的塑造者，环境给予人以维持生存的东西，并给他提供了在智力、道德、社会和精神等方面获得发展的机会。（2）保护和改善人类环境是关系到全世界各国人民幸福和经济发展的重要问题，也是全世界各国人民的迫切希望和各国政府的责任。（3）人类改造其环境的能力，如果明智地加以使用的话，就可以给各国人民带来开发的利益和提高生活质量的机会；如果使用不当，或轻率地使用，这种能力就会给人类和人类环境造成无法估量的损害。（4）现在已达到历史上这样一个时刻：我们在决定世界各地行动的时候，必须更加审慎地考虑它们对环境产生的后果。（5）为了这一代和将来世世代代的利益，地球上的自然资源，包括空气、水、土地、植物和生物，特别是自然生态类中具有代表性的标本，必须通过周密计划或适当管理加以保护。1992 年，在巴西里约热内卢举行了联合国环境与发展大会，从 1972 年的"人类环境大会"到 1992 年的"环境与发展大会"，人类在认识总结环境问题的进程中，对环境与发展问题有了质的飞跃。人类认识到了保护环境和促进发展是全球问题的两个方面，是一个不可分割的整体。全球环境问题与人类的经济、社会活动密切联系。

人类发展与环境紧密联系，息息相关。在人类发展中必须依赖环境和资源，而生产和消费必然会带来环境问题，因此人类社会发展不考虑资源和环境是难以持续的。同时，贫穷本身就是很大的环境问题，如果没有经济发展和技术进步，环境保护就没有雄厚的物质基础。这两次会议是人类走"可持续发展"之路的重要里程碑。

（二）农业可持续发展的研究趋势

农业可持续发展研究的趋势：一是研究范围和学科领域呈不断扩大的趋势，重点是对农、林、牧、渔、加工等综合发展进行整合性和复合性研究。二是研究内容的多样化、交叉化和协调性趋势，重点是采用宏观与微观、理论与实践相结合的方法进行层次性和系统性研究。三是更加重视科技及应用研究，突出科技第一生产力的作用注重农业可持续发展的操作性和实用性研究。四是国际合作研究与交流加强的趋势并注重与农村综合发展结合起来进行协调研究。研究的对象主要是食品安全保障、农村社区可持续发展、贫困地区经济发展、农业开发与环境保护相协调等问题。

伴随着农业可持续发展理论的兴起，逐步演化形成了 5 种农业可持续发展理论思潮，即生产乐观主义学派、环境悲观主义学派、拯救工业化世界学派、现代主义学派和可持续强化学派。通过比较分析，当前这些较为流行的农业可持续发展理论思潮，认为低投入可持续农业发展战略，不仅可持续维持较高的生产能力水平，而且还可以为阶段后农业提供广泛参与的发展机会，因而这一战略被发达国家视为未来农业发展的主流方向。近年来农业经济学家，针对以往农业发展理论进行了更为深刻的反思，认为成功有效促进农业可持续发展的途径，应该是能够形成一种新的农业管理系统，形成从农户到政府不同层次的持续农业生产系统，以及排除一切对农产品市场进行干预的政府行为，才有可能改善农业资源的分配效率、降低高额私人投资，从而诱发产量、收入和产品出口的持续高速增长，并对可持续农业相关的 4 个重要领域——管理与私人投资、投资与非投资理论、农业政策以及农业自身需要解决的问题等进行了较为深入的探讨。

（三）农业可持续发展判定依据

崔和瑞等（2004）认为研究农业可持续发展问题，必然要落实到一个特定的空间——通常所说的区域，区域作为一个客观存在的地域单元，其农业经济、农村社会、农业资源、生态环境、农业生产、农业科技等因素耦合而成具有地域特色的区域复杂系统。也称为区域农业可持续发展系统（RASDS）。因此，许信旺（2005）判断区域农业是否可持续发展可依据以下原则：（1）经济持续性。经济持续性就是实现农业经济和农业生产者利益的稳定提高。一是产量的稳定性，二是农业经济结构的合理性。（2）资源持续性。资源持续性要求维护农业生态资源的永续生产能力和功能，长期的生态持续性要求维护资源的质量，维护其生产能力，尤其是维护土地的产出量。生态持续性还要求保护自然条件特别是地表水与地下水的水循环和气候条件。农业自然资源的破坏将在实质上造成重大的经济损失（许信旺，1998）。（3）环境持续性。环境持续性的一个核心问题就是现代农业对土地资源生产潜力的影响。当代农业的特点就是频繁耕作、集约种植、高化学合成物投入、密集的机械使用，这已造成土壤侵蚀、养分流失、土壤板结、水污染等问题，损害着土地资源的生产能力，影响着土地生态持续性。（4）社会持续性。社会持续性是可持续发展的目的，指的是持续不断地提供充足而安全可靠的农产品，以满足社会的需求。社会持续性问题强调满足人类基本的需要和较高层次的社会要求，如安全、平等、自由、教育、就业、娱乐等。在发展中国家，较为迫切的问题是解决温饱、避免饥荒，即所谓食物充足性问题和承载力问题。人口是重要的经济资源，但是作为消费者又给农业资源、农业生态环境带来了巨大的压力，因此，必须控制区域人口数量，努力提高人口素质，增加人口资本的存量。

（四）农业可持续发展模式研究

不同的区域由于其资源和社会背景等的差异，农业发展模式各异。我国幅员辽阔，资源环境条件复杂多样，社会经济发展很不平衡，形成了丰富多彩的农业发展模式。对区域农业发展模式的研究一直是农业研究比较活跃的领域，这类研究概括起来有以下几方面。

1. 防灾减灾与农业可持续发展研究

马宗晋等（1998）认为灾害对人类的破坏不但是全方位的，而且是持续永久的；它不仅对当代人类生命财产造成直接破坏，而且危及后代人的生存发展基础。人类需要通过多方面努力才能实现可持续发展，其中防灾减灾对于保护人民生命财产安全，保护资源和环境的可持续利用具有最直接的作用，因此是人类争取可持续发展的首要任务。减轻灾害不仅是一个复杂的自然科学问题，也是一个极其严肃的社会科学问题，从保障国家长治久安和促进人类可持续发展的高度去认识减灾事业的必要性。

陈文科等（2000）指出，农业防灾减灾，成为农业发展不可绕开的难题。中国是世界上人口最多、资源相对短缺的发展中大国，中国能否有效地实现农业防灾减灾，是关系到整个国家能否可持续发展的大问题。张显东等（2000）指出，自然灾害是影响区域整体协调发展的一个重要因素，自然灾害总是在一定的区域内发生，随着区域经济的整体发展，自然灾害造成的损失也会急剧增加。如果在制定区域可持续发展战略规划时不考虑自然灾害的影响作用，区域经济就不可能得到持续的发展。胡鞍钢等（1996）指出，自然灾害的破坏作用不仅限于对自然环境本身的变化和破坏，而且波及整个人类社会、经济系统，影响人类的长久、持续发展。严宝文等（2000）认为，农业环境灾害是人类在追求农业可持续发展的目标下产生和逐步加重的，而对农业环境灾害的危害性的认识是在追求农业可持续发展的过程中逐步建立和提高的，农业可持续发展概念的提出标志着农业发展新起点的建立和农业持续发展进程的开始，对人类农事活动行为以及其他相关行为的规范与约束，是防治农业环境灾害和实施农业可持续发展的共同要求。

通过张晓（2001）对中国农村贫困状况的环境单因素分析，可以得到一个明确的结论：贫困问题一般是多种因素混合作用的结果，其中自然灾害、特别是水旱灾害所起的作用尤为明显。农村生态环境恶劣，不仅意味着农业生产的大环境——自然条件也随之恶劣、水土流失严重、水旱灾害频仍，而且还意味着农业生产直接依赖的生产资源数量少、质量差。严立东（1998）认为灾害是人类经济社会和未来发展所面临的最大威胁，是实施可持续发展战略最严重的阻碍。我国是一个多灾的农业大国。农业与农村的可持续发展，是国家可持续发展的根本保证和优先领域。减轻农业自然灾害，改善农村生态环境，走农业与农村可持续发展道路，是我国农业与农村发展的自身需要与必然选择。

2. 气候变化与农业可持续发展研究

由于农业是弱质和易受损产业，气候变化对农业发展影响显而易见。谢立勇（2009）认为农业生态系统是受气候变化影响最直接、最脆弱的系统，对于发展中的农业大国——中国来说尤为如此。农业在进化中对环境和气候有一个自然选择的过程，对环境和气候变化有一个适应的能力，但是这种能力是有限的，超过一定范围，适应能力将被阻断，甚至难以恢复。因此发展可持续农业必须要适应气候变化。

吴丽丽（2010）从气候变化的脆弱性、敏感性、适应性的概念出发，从敏感区定性划分、区域脆弱性的定量分析、粮食作物的脆弱性分析三方面概括总结了我国近 20 年来在农业生产对气候变化的脆弱和适应对策。国内诸多学者对农业生产应对全球气候变化的对策主要包括：①遵循生态原理，改善生态环境。我国许多地区为极强或强生态脆弱区，应加强对水土流失、土地退化等生态环境恶化的治理，促进自然生态系统的自我恢复，提高当地农业生产系统和自然生态系统对气候变化影响的适应能力（王馥堂，2003）。②合理利用水资源，积极应对气候变暖。随着气候变暖，干旱、洪涝等气象灾害在加剧。在农业生态环境脆弱地区，增强有效灌溉能力是适应气候变化不利影响的最有益的手段之一。③调整农业结构，改善栽培技术。气候变化引起农业气候资源改变，进而造成农业种植结构变化（张金恒，2002），推广抗旱等农作物优良品种，是行之有效的减弱脆弱性、增强中国农业适应能力的对策（林而达，1994）。

基于 IPCC 第四次评估报告和气象学家对我国气候变化的最新研究成果，刁军等（2010）从温度、降水、海平面上升等几方面分析了气候变化对我国农业生产的影响，提出了应对气候变化的具体措施，并根据气候变化趋势，制定出了防御对策，增强农业对气候变化的应对能力，趋利避害，实现可持续发展。

第四节 研究内容和技术路线

一 主要研究内容

西北地区环境变迁与农业可持续发展研究究其根本是在脆弱环境约束下，西北地区选择何种农业技术方式进行发展的问题。本书主要研究内容有以下几项：

（1）第一章和第二章研究西北地区农业在环境恶化趋势下持续发展的背景、意义及农业相关问题和支撑理论。以环境变迁概念、环境胁迫理论、农业减灾概念和区域生态承载理论来分析和研究西北地区的农业环境变迁因素、气候变化问题、农业灾害问题、农业生态问题及农业资源问题。

（2）第三、第四、第五章对西北地区农业环境变迁划分阶段进行分析研究。由于环境变迁属于历史长时期的演变，因此划分为历史时期阶段（农业开始阶段到1840年）；近代阶段（1840—1949年），现代农业阶段（1949年到现在）三个阶段。通过三个阶段研究环境变迁的因素及其对农业发展的影响。发现历史阶段农业环境变迁主要由于自然和社会人文因素导致。近代时期农业环境受灾荒影响比较严重。现代时期农业环境问题更加突出，受气候变化和长期干旱少雨影响，主要表现为农业生态环境更加弱化，农业灾害环境趋势加重，农业水土资源明显减少。

（3）第六、第七、第八章分别从三个专题部分重点研究环境变迁因素影响下农业可持续发展问题。第六章从西北地区适应气候变化与农业可持续发展的角度，探讨气候变化对农业生产的影响以及采取何种技术措施适应和应对气候环境变化。第七章从农业减灾与可持续发展的角度对西北农业发展问题进行研究。由于西北地区水资源匮乏和干旱长期胁迫下，选择何种技术方式发展减灾农业，建议发展减灾农业实施什么政策促进西北地区农业持续增长和农村社会稳定发展是本章的研究重点。第八章从区域生态治理与农业可持续发展的角度出发，针对区域农业发展概况和突出的生态问题，选择合理恰当的农业技术进行区域生态治理，期待获得西北地区农业可持续发展的现代模式。

二 研究技术路线

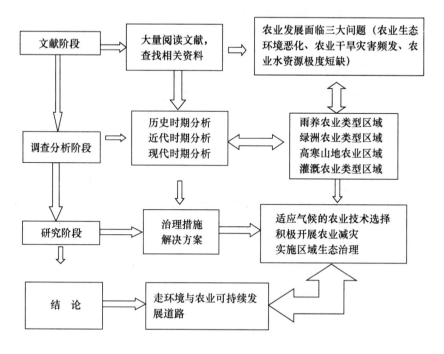

图 1 - 1 西北地区环境变迁与可持续发展研究的技术路线

第五节 研究方法

一 历史文献研究法

虽然本书界定范围在近现代，但由于环境变迁研究是一个动态的过程，因此研究历史时期的环境变迁也是研究内容之一。有关西北地区生态环境、自然灾害、农业生产的历史文献、资料记载丰富，分布在各时期方志、游记、档案、文集和碑刻中。

二 多学科交叉研究法

环境变迁和农业发展研究属于社会科学领域，但是研究内容涉及生态学、历史学、地理学、气象学、灾害学、经济学、农学资源环境科学等学科。其中多种学科还涉及自然科学研究领域。因此在研究中，吸取各学科研究的新成果和新方法，进一步整合社会科学和自然科学在环境变迁和农业发展中的研究作用。

三 实地调查研究法

虽然西北地区的环境变迁和农业可持续发展研究资料很丰富，但由于历史原因，新中国成立后许多统计数据也不是很完整规范，因此在资料搜集过程中，需要辅以调查研究，对当地政府管理人员及有关专家、农户进行调研，了解区域农业生产及生态环境的历史及现状，进一步充实了西北地区的生态环境变迁和农业开发研究资料，在写作过程中，到部分具有代表性和典型性的地区进行实地考察调研，进一步丰富论文内容。

四 区域类型研究法

由于西北地区区域面积很大，在研究西北地区生态环境变迁和农业可持续发展研究过程中，需要介入区域环境承载能力和区域灾害风险分析和区域农业技术选择研究方法，结合区域农业发展特征和区域生态环境特征的差异性进行分析。同时加强个案分析，重点结合小流域治理进行具体分析，避免泛泛而谈。目的就是通过区域研究，从而对西北地区的生态环境和农业可持续发展做出整体性认识。

五 理论分析与定性分析法

在前期大量占有相关资料的基础上，充分利用理论分析和定性分析对数据进行归类，从中寻找和揭示研究对象之间的内在联系和相互之间的关系，并用大量图表等形式对西北地区的环境变迁和农业发展的特征和原因进行深层次揭示。

第六节 创新之处

一 研究方法创新

在深入挖掘西北地区生态环境史料基础上，充分吸收社会科学和自然科学领域研究方法和研究成果，利用多学科交叉优势，研究生态环境变迁和农业发展。

二 研究视角创新

本书以西北地区为研究样本，从环境变迁视角研究农业可持续发展问题，提出利用适应气候变化的技术选择和区域生态治理，对维护西北地区生态与农业良性发展提供了借鉴。

三 研究概念创新

在西北地区历史环境变迁与农业发展研究基础上，把近代农业环境界定为农业发展环境、农民生存环境和农业生态环境；把现代环境变迁归结为农业生态环境、农业灾害环境和农业资源环境。本书引入减灾农业概念，对西北地区发展减灾农业的必要性和可行性做了全面分析。对西北地区开展农业减灾和促进农业持续发展具有现实意义。

第二章　基本概念和理论架构

　　西北地区是中国农业的发祥地，农耕文明历史悠久，同时也是中、东部农区的生命线——大江大河的水源涵养地。区域内农牧交错地带还是我国中、东部的生态屏障。然而在农业文明发展的历史过程中，以雨养农业为特征的农业承载能力逐渐不能满足人口日益增加所产生的需求，导致不当农业经营方式的产生；绿洲农业地带由于用水方式不当，导致水资源急剧减少，绿洲荒漠化趋势加重。西北地区地处大陆深处，气候干旱少雨，自然灾害发生频繁，农业经营环境面临诸多不利因素。在生态环境胁迫下，实现该区农民的脱贫和农业、农村经济以及生态环境的可持续发展是摆在我们面前的一个严峻课题。

第一节　环境变迁概念

一　环境定义

　　环境是个抽象、相对的概念，是指相对于主体而言的客体。与某一主体事物相关的周围事物，被称为这一主体事物的环境。即环境是指某个主体周围的情况和条件，主体不同，环境的大小、内容等也就不同。按照环境的属性，将环境分为自然环境、人工环境和社会环境。自然环境是指未经过人为加工修饰和改造而天然存在的环境。自然环境按环境要素，即大气环境、水环境、土壤环境、地质环境和生物环境等，主要就是指地球的五大圈——大气圈、水圈、土圈、岩石圈和生物圈。人工环境是指在自然环境的基础上经过人的加工改造所形成的环境或人为创造的环境。人工环境与自然环境的区别，主要在于人工环境对自然物质的形态做了较大的改变，使其失去了原有的面貌。社会环境是指由人与人之间的各种社会关系所形成的环境，包括政治制度环境、经济体制环境、文化传统环境、社会治安环境、邻里关系环境。

环境要素的分类在生态学领域和生物领域，则主要指对生物的生长发育繁殖行为和分布有着直接或间接影响的因子。生态因子包括气候因子（如湿度、温度、光、降水、气压、雷电等）；土壤因子（土壤结构、有机物无机物的理化物质、土壤生物等）；地形因子（起伏的山脉、地面的起伏、地质条件等）。生物因子（如地面和土壤中的动植物和微生物等）；人为因子（如人类开垦、砍伐、引种、栽培等情况），列出人为因子指明人类活动对自然界和其他生物的影响。

二 农业环境定义

生态环境是影响人类与生物生存和发展的一切外界条件的总和，包括生物因子（如植物和动物）和非生物因子。而农业环境是农业生物赖以生存繁衍和农业生产赖以发展的环境，即直接作用于农业生物生命活动过程的各种生态环境因素的总和。通常包括气候因素、土壤因素、地形因素、生物因素等自然因素和人为的社会环境因素。农业生物与其环境的相互关系主要表现为：一定的环境形成一定的生物群落，一定的生物群落要求一定的农业生态环境，两者密切相关。改善生态环境可为农业环境奠定基础，有利于农业生产条件的改善，而农业生产条件的改善有利于降低农业生产对气候变化的敏感性，有利于农业可持续发展。因此农业环境是指以农业生物为中心周围事物的总和，包括大气、水体、土地、光热以及农业生产者劳动和生物的场所（邵孝候，2005）。农业环境是自然环境的一个重要的组成部分，但不是全部。因此地理位置、地形特点、气候、灾害、土地土壤类型、水资源、农业生物资源成为农业环境的重要组成部分。农业生态环境包含的范围比较广，存在不稳性、易损性的特点。农业环境因素的好坏直接影响农业的成败。可以说，农业环境与农作物相互依存，又相互影响，协调良好的农业环境会促进作物的生长；农业环境中任何一项出现不平衡，都会影响农业生产。

三 环境变迁概念界定

环境变迁研究是历史时期一个长时间段、多领域交叉的内容，属于历史地理科学研究的重点领域。时下对环境变迁研究内容很多，但没有一个准确的定位和概念。与环境变迁研究相近的有环境演变研究，环境演变是研究时空耦合的科学，不仅研究地域的空间差异，同时也研究环境随时间演变的过程，即环境演变（陈宜瑜等，2005）。单从词义来理解，环境演变注重对地理的考察，偏重于地理学。而环境变迁除了研究地域时空长期变化，同时研究引发环境变化的诸多因素和环境变化对人类社会带来的影响。因此，环境变迁注重历史学和社会学的考察研究。因此环境变迁研究的内容不仅包括地理环境、气候环境，还包括生态环境、社会民生环境、农业发展环境。研究历史环境变迁的因素与影响是人与自然的和谐发展的重要保障，是促进社会与经济可持续发展的良好借鉴。

第二节　环境胁迫理论

环境胁迫理论是论述对生态系统的发展产生约束性作用的环境因素的理论。环境胁迫（environmental stress）是指环境对生物体所处的生存状态产生的压力，可以分为急性环境胁迫和慢性环境胁迫。

胁迫（stress）原本用于逆境生理学的研究中，是生物所处的不利环境的总称。在生态学中"胁迫"概念，学者们有不同理解：美国生态学家奥德姆等认为，胁迫是生态系统正常状态的偏移或改变；Barrett 等（1976）将胁迫视为与"反应"（response）意义相关的概念；Knigh 等（1981）把胁迫定义为作用于生态系统并且使系统产生相应反应的刺激。广义的胁迫可概括为引起生态系统发生变化、产生反应或功能失调的作用因子。随着世界人口的增长和消费力度的提高，科学技术得到长足发展。但与此同时，由于人类活动范围的扩大、程度的加深，环境资源受到了很大的破坏，环境对很多生物体引起的胁迫日益严重。从人类发展的历史来看，古代社会基本处于农耕社会，农业生产基本围绕畜牧和农耕生产，人类改造生物圈的能力有限，即使破坏了生态系统，由于人口数量相对很少和生态系统的自身恢复能力，环境破坏力度和水平不具备大范围破坏生态系统的能力。真正意义上的破坏生态系统是从工业革命以来。人类不断发展，人口数量增加，人工破坏生态系统的能力进一步增强，人工生态系统不断扩展，因此自然生态系统不断地缩小，植物品种数量减少，许多野生生物不断地灭绝。由于工业发展需要，大量矿石被开采，人类破坏生态的力度开始向岩石圈地带扩展，持续加速生态环境的破坏和平衡力度；进入20 世纪，尤其后半叶，随着工业经济和农业发展迅猛，世界大范围使用化石燃料，人们破坏环境的力度开始向大气圈扩散，水环境污染问题、大气环境污染问题频发造成大气圈和水圈的质量恶化，引发世界范围生态危机和气候问题，环境胁迫现象日益增多。

一　气候变化胁迫

气候变化问题成为环境领域的热点问题。温度是农作物生长的重要因素，并决定农作物的时空分布，农作物总是在达到特定温度总量时才能完成生长周期，不同农作物有其合适的温度空间，其必定要达到温度总量后才能正常发育生长。如果一些地区干旱高温持续影响，容易导致植物发育期提前或者影响农作物生长期的正常生长，导致农作物需水受到限制，高温胁迫严重时易出现农作物用水困难导致庄稼减产或者绝产。

极端低温天气和高温天气在全球层出不穷，温度胁迫包括低温胁迫和高温胁迫两种。作物所处环境中温度过高引起的生理性伤害称为高温伤害，又称为热害（蒋三登，2006）。高温胁迫对植物的直接伤害是蛋白质变性，生物膜结构破损，体内生理生化代谢紊乱。热害往往与干旱并存，造成失水萎蔫或灼伤。高温胁迫还诱发多种病虫害，如黑斑病、炭疽病，以及避债蛾、蚜虫、蚧壳虫、蝗虫的大爆发，对农业生产十分不利。

低温胁迫是对植物耐寒性的检验，植物耐寒性是对低温环境长期适应中通过本身的遗传变异和自然选择获得的一种适应性（蒋三登，2006）。低温胁迫是指农作物0℃以下的低温冻害和0℃以上的低温伤害。低温胁迫对农作物的影响巨大。但是关于低温胁迫对农业影响的问题还存在认识误区。农作物所具有的耐寒特性是其本身遗传特性，并且在环境温度逐步下降的过程中不断适应，我们称之为冷驯化和抗寒化。因此，我们在日常生活中总是忽略农作物这种特性，有时将南方热带、亚热带区域产量较好的良种农作物盲目引种北方，结果可想而知。因此在考虑农作物品种选育时，一定要考虑环境胁迫和温度胁迫问题，例如纬度差别、海拔差别、气象差别、土质差别等。一般来说，本地经营多年的农作物在正常情况下是适应当地常规气候的，但是遇到极端气候，比如突发的长时间雨雪冰冻天气，这种天气情况极易发生在深秋初冬和早春季节，正是作物休眠前和复苏萌动时期，对农作物的生长发育造成的伤害十分巨大。

二　灾害环境胁迫

水是生命之源。水分对作物的重要性不言而喻，农作物离开水无法正常发育生产。农作物对水的需求包括生理用水和生态用水。生理用水用来维持作物养分吸收和运输。生态用水用来保持作物生长需要的湿度环境，利于作物正常生长。作物光合作用正常情况下产生一份光合生产物，大概需 300—800 份水，土壤中水量保持 60%—80% 时，根系才能正常生长，并吸收养分，保证正常运转。水分胁迫对农作物表现为两个极端：一是干旱胁迫，二是水涝胁迫（蒋三登，2006）。

　　干旱环境和干旱天气极易使农作物缺水，是各种农作物常受威胁的环境因素。农作物干旱在西北地区来说有三种：一是土壤干旱。土壤中正常用水不足或缺失，会导致作物缺水而受损。二是大气干旱。在土壤环境并不缺水的条件下，农作物会受干热风灾害和高温威胁使得强烈蒸腾作用导致作物缺水受害。三是冻害。在西北地区冬春期间，土壤水分结冰或地温过低，作物根系吸水受到威胁和限制，导致农作物严重缺水。西北地区是干旱灾害常发区域，在西北内陆地区的沙漠戈壁环境，干旱常发性是区域气候环境特征；但是在西北地区有些区域干旱的季节性特征十分明显，如在一些绿洲区域或者灌溉区域，农业用水环境较好，干旱胁迫不是十分严重。因此，西北地区干旱因地域不同而有所差异，但总的来说农作物干旱胁迫主要有土壤干旱、大气干旱、冻害三种状态。对于农作物来说，干旱胁迫的实质是缺水。即干旱导致作物缺水以致作物不能正常发育生长。Hsiao（1973）曾将水分胁迫的程度划分为轻度胁迫、中度胁迫、重度胁迫三种类型，它们的区分标准是土壤相对含水量为 8%—10%、10%—20%、20% 以上。西北地区干旱胁迫对农作物影响比较深远，应注意农作物的发育和生长时期，加大应对农作物干旱胁迫的技术研究。

　　水分胁迫的另外一个表现就是水淹胁迫。水淹胁迫顾名思义就是水分过多，土壤水分过多和大气湿度过高极易破坏作物体内水分失衡，从而影响农作物生长（蒋三登，2006）。土壤水分过多总的来说有两种。一种是土壤中水量过高，处于饱和状态，我们称之为"渍水"，又称渍害；另一种是水分完全充满土壤，并且地面积水淹没农作物的个体根部和全株，一般称为"涝害"。通常来说水分对农作物生长是有利的，水分过多对农作物的伤害的实质是由于积水而导致土壤中缺氮气并发生二氧化碳累积。有学者研究认为沙土地水淹两周后氧气浓度由 21% 降到 1%，而二氧化碳的浓度由 0.34% 升至为 3.4%（Schaffer，1992）。土壤水分过多还会导致农作物中毒，最大胁迫是对土壤多数矿质营养元素的吸收急剧减少，使作物根部和生长新叶的能力进一步降低，最终农作物因淹水致死。西北地区不是水涝灾害的常发区域，但是在一些地区季节性水涝灾害也时常发生，因此要关注水淹胁迫对农作物的影响。

三 土地污染胁迫

土壤在一定的自然条件和自然地质作用中形成，并具有良好的物理性状和化学组成，为作物的繁衍生长提供最基本的物质条件和生态环境，其中最主要的物质条件就是水和营养盐分的丰度和供给条件，大多数情况下，各种土壤都能为作物的生存提供适宜的水盐环境，然而由于人类的栽培作物对生存条件的适应性和人类对农作物的不懈追求，许多情况下土壤的水盐条件不适用于农作物的生长，即使在土壤水分良性供给的地方，土壤盐分太高，仍可产生植物的生理性干旱而不宜作物生长。这种土壤称盐渍土，对作物生长构成盐胁迫。全世界所有大洲都有盐碱土，不适合作物生长的盐碱土有10亿公顷之多。随着工业现代化发展，灌溉地和设施面积的扩大，中国目前有各类盐渍土8180万公顷，还有1733万公顷的土壤存在潜在盐碱化的威胁（王遵亲，1993）。土壤次生盐日趋严重。

土壤盐渍化的主要危害使土壤中水溶盐分在植物根系环境中形成很高的渗透压，抑制根系对水分的营养部分的有效吸收，造成植物生理性干旱，影响植物的正常代谢和生长，严重时可使植物死亡，不同作物种类具有不同的耐盐性能，农业栽培作物一般耐盐性较差。盐渍化对农业发展影响逐步加大。如盐渍化危害较重的新疆，每年土壤盐渍化灾害减产粮食2亿—2.5亿公斤，棉花2500万公斤（张丙乾，1993）。过量的盐碱土降低土壤的渗透功能、持水能力和有机质活性，使土壤生态环境恶化，不利于作物生长，极易产生风蚀和水蚀，进一步导致土地荒漠化。

四 生态环境胁迫

Cambridge Mass（1970）认为生态胁迫过程是指人类活动对自然资源和生态环境构成的压力。人类的生存和发展依赖于自然环境，同时又极大地影响和改变着自然环境。而 Holdren 和 Ehrlich（1974）、Ehrlich（1977）认为作为复合生态系统的组成之一，自然生态环境不仅为人类提供粮食、药品和工农业生产的原料、工具，而且维持着生命物质的化学循环和生物物种的遗传进化，更重要的是还保证了人类生存所必需的空气、水以及活动空间。但随着人口剧增，资源大量消费、生态环境污染、社会进步以及农业和经济发展，人类对自然的干扰能力越来越强，强度不断加大，带来一系列生态问题，威胁人类的生存和发展。人类活动对生态环境的胁迫有两层含义：一是资源胁迫，表现为人类对自然资源的过度开发、资源耗竭趋势；二是环境胁迫，表现为人类为了生存和发展而输出的污染物破坏了环境净化平衡能力，造成现有生态环境有不断恶化趋势（苗鸿，2001）。

第三节 区域农业减灾理论

我国自古以来就是一个灾害多发的国家，灾害种类多、发生频繁、危害巨大。我国5000年的农耕文化史中，农业生产始终处于灾害的环境之中。据邓云特著《中国救荒史》统计，自秦汉至清末，共有各类气候灾害3759次。在20世纪的100年中，全流域性的水灾有16次，大区域性的旱灾有46次，其他较大规模的风、雪、雹、霜、寒潮、沙尘暴等严重的气候灾害300余次。年均约有气候灾害4次，水旱灾害0.62次。但自1970年尤其是1990年以来有明显增多的趋势。究其原因，除与我们对生态环境认识不高、重视不够、抓得不力有关外，还与我国的自然环境因素、人为因素等其他原因有关。自然灾害对人民的生存环境、社会经济环境、农业发展环境带来了严重威胁。频繁发生的自然灾害已经严重影响了我国可持续发展。

一 区域灾害分析

改革开放30多年来，我国农业取得了巨大成就，最突出的就是解决了13亿人口的吃饭问题。但是这些成就的取得除了农业科学技术的进步之外，很大一部分是在抗击频发的农业灾害中取得的。灾害受地理环境和气候因素影响，我国的自然灾害区域性明显。但综合来说，我国农业灾害现状有以下几个特点。

（一）农业灾害种类复杂多样

中国各省（自治区、直辖市）均不同程度受到自然灾害影响，70%以上的城市、50%以上的人口分布在气象、地震、地质、海洋等自然灾害严重的地区。2/3以上的国土面积受到洪涝灾害威胁。东部、南部沿海地区以及部分内陆省份经常遭受热带气旋侵袭。东北、西北、华北等地区旱灾频发，西南、华南等地的严重干旱时有发生。我国发生的农业灾害可划分为三大类三十多个灾种。其中，气象灾害类的水、旱、风、雨、雹、霜、雪、森林火灾等灾害，生物灾害类的病、虫、草、鼠等灾害，环境灾害类的土壤沙漠化、水土流失、赤潮、环境污染等灾害时常发生且危害严重。但就灾害发生的频率和对农业的受损性来看，以水旱为主的农业气象灾害是我国的主要农业灾害。

（二）特大水旱灾害发生频繁

新中国成立以来，中国部分年数气候异常，降雨严重不均、极端天气事件频繁，多灾并发、点多面广，部分地区重复、连年受灾，局部地区雨情、汛情、旱情、灾情超历史纪录。许多灾害学研究者指出，现代灾害比古代灾害发生更为频繁。据记载，从公元前206年到1949年的2155年间，我国发生的较大旱灾有1056次，几乎是每两年发生一次较大的干旱灾害。近年来，随着我国经济社会的快速发展、人口的增长和对水资源需求的不断增加，水资源供需缺口逐渐扩大，干旱灾害更加频繁，呈现出特大干旱发生频次增加、范围扩大、持续时间长和灾害损失逐步增加的趋势。统计显示，从1950—1990年的41年间，我国有11年发生了特大干旱，发生频率为26.8%。而从1991—2008年的18年间，我国则有7年发生了特大干旱，发生频率提高到39.9%。从水灾发生的频次上来看，我国是一个多水灾国家。据不完全统计，在新中国成立以前的2000多年中，我国曾发生的大范围较严重的水灾有1000多次，平均每两年发生一次。据统计，从1951—1990年的40年中，我国共发生洪涝灾害236次，平均每年遭受水灾5.9次，最多年份达10次，最少年份也有3次。以四川省为例，50年代共发生水灾4次，70年代8次，而80年代基本上年年发生水灾；不仅如此，大水灾和特大水灾的发生频率也逐渐加大，从公元1300年到1950年，长江流域大水灾和特大水灾的频次为14年1次；而近40多年来，不到3年就发生1次；进入90年代以来，仅长江中下游地区就连续发生了4次大规模的水灾，平均2年1次。此外，东部沿海地区平均每年约有7个热带气旋登陆，对当地的农业生产和正常的社会生活带来巨大危害。

（三）干旱灾害发生范围扩大

20世纪80年代以前，我国旱灾高发区域主要集中在干旱缺水的北方地区，尤其是西北地区。但是近年来，旱灾范围有扩大的趋势，东部和南方多雨地区的季节性干旱也在扩展和加重，受灾面积逐步增加。2000年和2001年我国连续两年发生波及全国大部分地区的特大旱灾；2003年长江中下游和东南沿海地区发生严重的夏伏旱；2005年云南、广西发生严重春旱；2006 年重庆和四川东部遭遇百年不遇的特大夏伏旱；2007 年东北大部、内蒙古东部、江南、华南等地发生了较为严重的夏旱；2008 年历史上较少出现旱情的黑龙江三江平原发生了严重夏伏旱；2009 年 9 月以来长江流域来水明显偏少，洞庭湖、鄱阳湖两湖出现严重旱情。

（四）干旱灾害发生频率加快

受全球气候变暖影响，大范围持续性干旱成为农业生产的最严重威胁。研究表明，在全球气候变暖背景下，已经持续 30 多年的华北地区干旱问题在未来十多年内仍不会有缓解迹象。同时，南方雨量丰沛地区的季节性干旱也日益凸显。根据"麦肯锡报告"：近年来旱灾对中国农业生产的损害已经超过洪涝和气旋等严重的自然灾害。由于气候变化影响预计将导致干旱问题进一步恶化，未来将会加大旱灾的发生次数和严重程度。如果不加大力度缓解干旱威胁，未来中国粮食主产区的东北和华北可能遭受重大农业损失。据估算，在"中等"气候变化的情景下，2030 年中国东北地区的旱灾损失会增加 50%，东北和华北两个地区的损失将从 140 亿元扩大至 180 亿元。在"严重"气候变化的情景下，两个地区的农业损失最高可达 370 亿元。据统计：1950—1990 年的 41 年间，我国共有 11 年发生了重、特大干旱，旱灾发生年份百分率为 27.50%；而 1991—2008 年的 17 年间，我国共有 7 年发生了重、特大干旱，旱灾发生年份百分率达到 41.18%，平均不到 3 年就有一次重、特大干旱发生。因此，干旱灾害发生频率将有加快的趋势。

（五）农业灾害造成损失严重

《中国减灾白皮书 2009》曾统计：1990—2008 年的 19 年间，大概每年因各类自然灾害导致约 3 亿人次受灾，倒塌房屋 300 多万间，紧急转移安置人口 900 多万人次，直接经济损失 2000 多亿元人民币。1998 年发生在长江、松花江和嫩江流域的特大洪涝灾害使 1.8 亿人次受灾，农作物受灾面积 2229.2 万公顷，成灾面积 1378.5 万公顷，绝收 529.5 万公顷，直接经济损失达 2550.9 亿元人民币。

2006 年四川、重庆两地发生特大干旱，2007 年淮河流域发生特大洪涝，2008 年我国南方地区发生特大低温雨雪冰冻灾害。2008 年在四川、甘肃、陕西等地的特大地震灾害，造成严重财产损失。2009 年 2 月，北方 15 个省（自治区、直辖市）大旱最为严重时全国耕地受旱面积超过 3 亿亩，比常年同期多 1.1 亿亩，其中作物受旱面积 1.53 亿亩，重旱 4996

万亩，干枯394万亩。全国有442万人、222万头大牲畜因旱发生临时饮水困难，对人民正常的社会生活和农业生产带来了巨大危害。有资料显示，自20世纪90年代以来，我国因旱灾平均每年造成的粮食损失达2757万吨，干旱造成的粮食损失占各种自然灾害造成的粮食损失总量的60%以上，近10年来干旱平均每年造成经济作物损失达333亿元，因干旱造成工业产值减少平均每年达2300多亿元。此外，全国年均有2913万人、2300万头牲畜因旱发生临时性饮水困难。旱灾对我国国民经济的影响，一般干旱年份旱灾造成的直接经济损失约占GDP的1.1%，严重干旱年份约占GDP的2.5%—3.5%。

二 自然灾害系统

自然灾害是指由于自然力的作用给人类生命财产安全和生存环境造成危害的灾害（王国敏等，2001）。而农业自然灾害就是指对农作物的生长影响和破坏从而导致农作物减产或绝产的自然灾害。一般自然灾害系统包括成灾因子、孕灾环境、承载体和灾情四部分。

（一）成灾因子论

成灾因子是指可能造成人员伤亡、财产损失、社会经济损失、生态环境退化的异变因子，成灾因子包括自然成灾因子和环境成灾因子、人为成灾因子。自然因子主要是各种自然灾害，民政部颁布的《灾情统计、核定和报告暂行办法》第二条规定，自然灾害只是旱灾、洪涝、风雹（龙卷风、沙尘暴、飓风）、台风（热带风暴）、地震、低温冷冻、雪灾、病虫害、滑坡、泥石流等给人类社会造成损失的各种异常自然现象。而农业自然灾害几乎包括了世界上所有的自然灾害类型。我国的主要农业灾害成灾因子包括：旱灾、洪涝、台风、风暴潮、冰雹、雪暴、低温冻害、高温热浪、龙卷风、泥石流、荒漠化、盐碱化、水土流失、农作物病虫害、鼠害等。

灾害的产生和发展给农业生产带来了巨大的损失，据统计公元1760—1937年的370年间，我国共发生各种自然灾害5258次，其中旱涝灾害的发生占40%以上（旱灾1074次、涝灾1058次）（陆永昌，1988）。新中国成立以来，年遭受旱灾、雨涝、霜冻、干热风等气象灾害的耕地面积为4.6亿亩。损失粮食102亿公斤。占粮食总产量的5%；每年因病虫害造成的损失达400亿公斤，占粮食总产量的10%左右。农业自然灾害成为影响我国农业生产、农业发展和农民增收的主要因素。我国目前农业灾害主要包括旱灾、洪涝灾害、风雹灾、低温冻害和农作物病虫害。

因此成灾因子理论认为灾害发生是由各种成灾因子的影响和控制，地缘和应对灾害的核心是对成灾因子的发生、发展过程进行监测和控制，提高成灾因子的预报和监测能力，为农业生产的顺利进行保驾护航。

（二）孕灾环境论

孕灾环境是指由大气圈水圈、岩石圈、人类社会圈所构成的地球表面系统，包括自然环境与人文环境。孕灾环境是自然和人为因素中诸多因子相互作用形成的，任何一个环节的改变都会对整个环境状态产生影响。我国幅员辽阔，环境条件复杂，所以致灾的因素较多。

1. 地形

我国大陆地处中纬度，东濒太平洋，西临世界地势最高的青藏高原，海陆大气系统形成复杂的反馈关系。中国辽阔土地包括高原、山地、平原、丘陵、盆地、沙漠等多种基本地形。这为农业生产和发展提供了多样性的条件。同样地形的多样性为灾害的发生创造了地理条件。占中国总面积 2/3 的山地是孕育地质灾害的"温床"；由于我国西高东低的地势原因，平原地区是大江大河的下游地区，常受洪涝灾害侵袭；如果降水稀少，主流河道灌溉有限，又容易导致旱灾。广漠的沙漠地区是滋生沙尘暴的主要来源。我国生态环境的多样化为农业生产的多样性提供了良好的自然条件，但是多样化的生态环境又是多种病虫害、鼠害、草害繁衍的"温床"。

2. 气候

我国幅员辽阔，经纬度跨度较大，距海的距离差异较大，加之地势高低不同，地形类型及山脉走向多样，因而气温降水的组合多种多样，形成多种气候类型。从气候类型来看，我国东部属于季风（热带、亚热带、温带）气候，西北属于温带大陆性气候，青藏高原属于高寒气候，从温度上可分热带、亚热带、温（中、寒）带、寒温带和青藏高原区；从降雨量来看，又可分为湿润和半湿润，干旱和半干旱地区。因此气候的多样性决定了我国农业自然灾害种类的多样性。我国受冬夏季风交替影响的地区广，是世界上季风气候最典型和显著的地区。与世界其他同纬度的地区相比，冬季气温偏低，夏季气温偏高，气温年差较大，降水集中于夏季，为典型的大陆性季风气候。这种气候类型使得我国降水的区域性和季节性特征十分明显。我国降雨南方多北方少，夏季多冬季少。这种降水分布是我国水旱灾害最为严重的主要原因。此外，水土资源组合不平衡，北方土地多水资源少，也是造成北方常旱、南方常涝的重要自然原因。

3. 社会人文因素

一般来说，自然环境本身在一定程度上不会出现差异，这是正常现象。假如人类采取合理措施，就能够应对自如，并不会形成灾害；即使成灾，危害程度也能限制在我们能够承受的范围之内。反之，就会加重灾害的损失程度。土地利用的变化对农业灾害灾情的影响主要表现在农业自然致灾因子的抵御能力上，及相对改变农业成灾体的脆弱性水平（史培军等，1999）。由于人为因素，二氧化碳等温室气体的增加而导致的全球环境变化，是人类活动加剧干旱灾害的重要方面。比如人类过度开发草场、毁林开荒造成水土流失，造成环境弱化，加剧干旱的程度。随着人民生活水平的提高和经济发展速度加快，以及耕地复种指数提高，农作物品种的调整和产量提高的需要，导致总体用水量大幅提高，常出现工业用水和农业用水之争，水资源供需矛盾更趋紧张，因此干旱问题日益严重。人口增加，加剧掠夺自然资源，盲目开发消费和浪费资源，同时向自然排放废弃物质，进一步加剧生态环境的恶化。

因此，孕灾环境理论认为灾害的发生主要是受一个地区的地理环境决定的，环境发生变化将对灾害的发生起到核心作用。比如通过植树造林增加地表覆盖率，可以控制该地区的水土流失和沙尘暴灾害。孕灾环境理论的诸多研究成果是从研究沙漠化、生物多样性破坏、水土流失等环境恶化情况入手，逐渐演化为解释环境灾害的理论体系。

（三）承灾体理论

承灾体是各种成灾因子作用的对象，是直接受灾害影响和损害的物质文化环境，一般可划分为人类、财产、农业、社会经济和自然资源五类。承灾体损失程度不仅与成灾因子有关，还取决于承灾体本身的易损性或脆弱性的大小。所谓易损性或脆弱性是指承灾体在受成灾因子打击时所受损失程度。因此承灾体论认为，灾害的发生主要是存在不同类型的承灾体，通过改善和降低承灾体的脆弱性和易损性，就可以减少和避免灾害的发生和减少损失。该理论主要内容包括承灾体分类、承灾体易损性或脆弱性评估和承灾体动态变化监测（邹铭等，2010）。

三 农业减灾理论

农业稳定的受益者不只是农民，而是整个社会，同样农业受灾形成的损害也会波及整个社会。因此，如何防范农业灾害风险是一个不容忽视的问题。鉴于以上影响农业灾害风险的因素分析，降低农业灾害风险就必须开展综合减灾，大力发展减灾农业。

（一）自然灾害影响论

自然灾害对农业生产环境的影响不言而喻。以历史时期的自然灾害来看，频发的自然灾害导致农村劳动力流失和减少，并且对农业再生产物质资料（房屋、耕畜、农具、种子）带来致命打击。水旱灾害频发，还导致大量农田被毁或者直接荒芜，农民的生产和生存环境十分荒凉。自然灾害对农业生产造成的直接后果就是农产品，尤其是粮食作物的大面积减产和绝收。农产品的收获量大幅减少，一方面意味着用于维持劳动力再生产的生活资料的匮乏，从而引发饥馑，导致劳动力在生产过程的中断、萎缩和现有劳动力的损耗、减少；另一方面又意味着由此转化而来的生产资料和物质资料的匮乏，从而损害经济的生产过程。尽管有学者认为，自新中国成立以来，六年一次的规律自然灾害和粮食生产循环并不显著，但是灾害与粮食产量的关系是十分显著的。从有关统计资料来看，自然灾害是粮食产量波动的首要原因，见图2－1。自然灾害对粮食消费和粮食贸易影响作用十分明显。因此开展农业减灾工作十分必要。

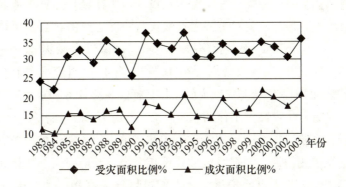

图2－1　1983—2003年受灾面积和成灾面积占作物播种面积比重

资料来源：《中国农村统计年鉴（2004）》，中国统计出版社2004年版。

（二）综合减灾理论

自然灾害发生的主要原因与自然因素和社会因素有关，所以，灾害的自然属性和人为属性很强。由于历史以来我国自然灾害频发、灾种众多、危害巨大，因此每一个地区进行减灾都要考虑多灾种的综合影响，开展综合减灾。

伴随人类社会经济的迅速发展，现代灾害不但种类空前繁多，而且不同种类灾害之间以及灾害与环境、灾害与社会经济之间产生广泛而又密切的联系。因此现代减灾已经不是一项简单的工程技术措施或者社会救助行为，而是一项复杂的包含广泛内容的社会化的系统工程。因此综合减灾是一项系统工程，包括减灾系统工程和减灾社会管理系统。减灾系统工程包括监测、预报、评估、防灾、抗灾、救灾、安置与恢复、保险、教育、规划等综合措施（高庆华等，2010）。减灾社会管理系统包括制定与经济建设同步的防灾规划，建立完善的抗灾救灾组织系统；建立各级减灾工作系统；加强灾害立法等工作。因此减灾不仅需要测、报、防、抗、救、援等各项工程，更需要多部门、多学科的联合，而且在人口、资源、环境、灾害等各要素之间，以及自然与社会之间都构成十分复杂的反馈关系。

近年来，我国相继发生南方低温雨雪冰冻、汶川特大地震、玉树强烈地震、舟曲特大山洪泥石流、四川芦山地震、甘肃岷县漳县地震等重特大自然灾害，给经济社会发展带来严重影响，面对严峻的灾害形势，党中央、国务院高度重视防灾减灾工作，将防灾减灾作为政府社会管理和公共服务的重要组成部分并纳入经济社会发展规划，将减轻灾害风险列为政府工作的优先事项，全面加强综合减灾能力建设，切实减轻自然灾害造成的人员伤亡和财产损失，有效应对重特大自然灾害，促进经济社会全面协调可持续发展。"十一五"以来，我国颁布实施《国家综合减灾"十一五"规划》、《国家综合防灾减灾规划（2011—2015 年）》，明确了"十一五"和"十二五"期间国家综合防灾减灾的工作目标、主要任务和重大项目，初步确定了我国综合防灾减灾工作的基本理念。要求统筹考虑各类自然灾害和灾害过程各个阶段，综合运用各类资源和多种手段，努力推动防灾减灾与经济社会发展相协调、与城乡区域建设相结合、与应对气候变化相适应。

近年来，由于人口增长过快，人们过量开采资源，"三废"逐渐增多，以及对自然环境随心所欲地进行改造和破坏，使温室效应、水土流失、植被减少、地下水位下降、海平面上升、环境污染等对人类造成巨大威胁。因此为减轻自然灾害的目的，除加强减灾系统工程外，还需制定相应的人口、资源环境和经济发展政策，加强区域综合减灾能力建设，通过近年来重特大自然灾害的应对实践，我国政府和公众深刻认识到提升区域综合减灾能力的重要性，也体会到只有提升区域综合减灾能力，才能切实降低或减轻灾害造成的人员伤亡和财产损失。

（三）减灾农业理论

从农业在国民经济中的地位来看，农业灾害风险不仅是农业部门的风险，而且具有社会性和政治性特征。对日益严峻的农业灾害风险，发展现代农业一般可采用工程措施和非工程措施来抗灾减灾的方法。工程措施包括修建各类工程设施（如防洪工程、引水抗旱工程等）来增强抗风险能力和减少灾损能力；非工程措施主要是通过有效的风险和灾害管理系统网络，建立高效的灾害管理制度和手段（风险保险）来进行灾害风险的管理和分摊。正是农业灾害风险对社会经济可持续发展的严重影响，农业防灾减灾的问题应当引起重视和关注。

减灾农业主要是指运用现代科技手段，加强对各种危害农用动植物、破坏农业生产环境的灾害事件的监测预报，在灾害发生之前或发生时采取有力的技术措施，增强农业的防灾抗灾能力，减少灾害的发生，从而减少灾害带来的损失（卜风贤，2004）。

总的来说，发展减灾农业，开展有效减灾，要做到以下几个方面：一是农业防灾思想不能放松，积极研究灾害发生的规律和地域性，加大农业灾害防治的科普宣传。二是要依靠科技，大力发展减灾农业。依靠科技，减轻农业灾害带来的损失是将来防灾建设重点研究领域。三要加强减灾系统建设，加快灾情监测预报系统建设步伐，利用先进的科学技术和手段，开展形式多样的农业灾害气象预警预报工作。为政府决策指挥提供信息和参考，构建系统抗旱减灾服务体系，提供优质的抗旱服务。四要完善减灾管理体制。减灾管理是一项决策性社会系统工程。开展农业减灾，不仅要健全减灾系统工程建设，也需要减灾管理部门的有效配合。要规划好各级抗旱预案的编写，增加农业减灾的明确性和实效性，确保减灾农业能够有条不紊地顺利开展。

第四节　农业生态治理模式

一　生态脆弱性概念

关于生态脆弱性的研究，可追溯到 20 世纪初，美国生态学家 Clements 提出了生态过渡带（Ecotone）（Clements，1905）。20 世纪 60 年代，脆弱生态环境成为生态学研究的一个重要论题，许多学者对脆弱生态环境的概念、制图、研究的理论基础进行了深入的、多方面的探讨，比较重视全球变化对脆弱生态环境的影响。20 世纪 80 年代后期至 90 年代中期，中国地学、环境等领域的学者将过渡地带思想引入各自研究领域中，形成了生态环境脆弱带等相关概念，但在生态脆弱性或者生态环境脆弱性等概念的定义方面，不同学科的学者有不同的认识和理解（魏琦，2010）。

Kochunov（1993）认为，脆弱性是系统质量重建的情况，包括结构变化、行为变化以及自身发展的变化，并指出通过脆弱性概念可以区别出以下几种脆弱转变类型：突变型、渐变型、可逆型、加强型和自然型。Timmwerman（1981）认为，脆弱性是一种度，即系统在灾害事件发生时产生不利响应的程度；Kates（1984）认为，脆弱性是度量系统遭受损害和产生不同程度的危险；Bogard（1988）把脆弱性定义为人们无法采取有效措施减轻不利损失的一种软弱无能的状态；Smith（1997）认为，脆弱环境是来自具体灾害事件的风险随时间的变化而变化；Mitchell（1989）则认为脆弱性是一种遭受损失的潜势；Blaikeetal（1994）指出，脆弱性即个体和群体所具有的预测、处理、防御自然灾害的不利影响并恢复自我的一种能力；Dow（1992）认为，脆弱性是易脆弱化的环境所具有的敏感性。

国内学者也对生态脆弱性进行了大量研究，提出了不同的定义与见解。刘燕华（2001）认为，脆弱的生态环境是一种对外部环境因素的改变反应敏感、自身稳定较差、可塑性较小的生态系统。牛文元（1989）认为，生态脆弱性主要表现为生态环境改变的速率、生态系统抵抗外界干扰的能力和生态系统的敏感性与稳定性。赵桂久等（1995）指出，生态脆弱性是生态系统在特定时空尺度上相对于外部干扰而表现出的敏感性反应及其可恢复性程度。王让会等（2001）认为，生态脆弱性是生态系统在特定时空尺度，对于外界干扰的敏感反应和自我恢复能力，是自然因素和人类活动共同作用的结果。王介勇等（2004）认为，生态脆弱性是由于各生态环境因子类型、数量和质量在时空上的不均衡性，生态环境系统在人类活动和外界环境作用下表现出来的易变性以及可能性响应。王小丹等（2003）认为，生态脆弱性是一个涉及生态学、地理学、社会学、经济学、灾害学、气象学等多学科的综合性概念，是指生态受到超出自身调节范围的外界干扰作用，而表现出对干扰的敏感程度。赵珂等（2004）

认为，严格的生态脆弱性概念侧重于突出生态系统偏离原生态环境的程度，即生态环境受到外界干扰后所表现出来的不稳定性特征。乔青等（2008）认为，生态环境抵抗外界干扰能力弱、恢复能力低，容易由一种状态转变为另一种状态，而且一经改变很难恢复到初始状态的性质为生态环境脆弱性。而从自然和社会层面而言，生态脆弱性是自然因素和人类短期经济行为共同作用的结果，是特定生态系统在一定时空尺度上相对于外界干扰的响应而存在的。影响生态脆弱性的自然因素主要包括全球或区域性自然过程引起的气候、水文、地貌、地质、植被、土壤等变化，其背景是在漫长的地质年代形成的。人类短期经济行为包括因工业、农业、牧业、交通、运输等行业发展产生的毁林、耕垦、过牧、过量灌溉等行为。上述关于生态脆弱性定义的表述尽管不同，但都表明了以下含义：一是系统群体或个体存在的不稳定性；二是对外界干扰或环境变化较敏感；三是受到外界干扰时，该系统易受到损坏，并且难以恢复。具体可理解为，受生态环境因子类型、数量和质量在时空上配置的不均性影响，生态系统稳定性差，敏感度强，在遭受人为干扰或环境胁迫时，易受到破坏，难以恢复到初始状态，并对人类生存和农业发展造成一定的影响。

二　生态脆弱区域治理

生态脆弱区也称生态交错区（Ecotone），是指两种不同类型生态系统交界过渡区域。这些交界过渡区域生态环境条件与两个不同生态系统核心区域有明显的区别，是生态环境变化明显的区域，已成为生态保护的重要领域。

（一）生态脆弱区基本特征

1. 系统抗干扰能力弱

生态脆弱区生态系统结构稳定性较差，对环境变化反映相对敏感，容易受到外界的干扰发生退化演替，而且系统自我修复能力较弱、自然恢复时间较长。

2. 对全球气候变化敏感

生态脆弱区生态系统中，环境与生物因子均处于相变的临界状态，对全球气候变化反应灵敏。具体表现为气候持续干旱、植被旱生化现象明显、生物生产力下降、自然灾害频发等。

3. 时空波动性强

波动性是生态系统的自身不稳定性在时空尺度上的位移。在时间上表现为气候要素、生产力等在季节和年际间的变化；在空间上表现为系统生态界面的摆动或状态类型的变化。

4. 边缘效应显著

生态脆弱区具有生态交错带的基本特征，因处于不同生态系统之间的交接带或重合区，是物种相互渗透的群落过渡区和环境梯度变化明显区，具有显著的边缘效应。

5. 环境异质性高

生态脆弱区的边缘效应使区内气候、植被、景观等相互渗透，并发生梯度突变，导致环境异质性增大。具体表现为植被景观破碎化、群落结构复杂化、生态系统退化明显、水土流失加重等。

（二）生态脆弱区技术治理

由于人为滥耕是许多地区生态环境恶化的直接诱因，因此，退耕还林还草已经被认为是治理生态脆弱性的重要技术途径。就世界范围来看，国外退耕的规模一般较小，退耕的目的有时有政治和经济原因，不一定直接针对水土流失或荒漠化问题（郝海广，2008）。美国、法国、英国、德国等发达国家都曾开展过退耕还林还草。美国在20世纪60年代就实施了一系列缩减耕地面积的计划，包括"休伊特"法案、"有偿转耕"计划、"自愿退耕"计划、"保护计划"、"植树"计划等，把数百万公顷农田改造成了森林和牧场（孙金铸，2003）。退耕种草已经得到了普遍的接受，被认为是提高土壤肥力和恢复草地生态系统功能的有效手段。欧洲退耕还林基本上是以自发方式进行。2000年欧盟国家已有1200万—1600万公顷的农地转化为林地，其中法国200万—300万公顷。英国早期的退耕还林主要是为了发展用材林，后来逐步发展成为是针对防风保土和拓展森林游憩区域的行动（马庆祥，2001）。英国的退耕退牧还林是以较高的补贴政策为保障（郝海广，2008）。德国政府通过适度的经济补偿措施鼓励农民自主在耕地上造林，以保护生态环境和发展用材林（杜梅，2007）。美国从1986年开始实施的土地休耕计划（Conservation Reserveprogram）是国家层面的重要生态修复计划，到2005年已累计投入304亿美元，取得了显著的成效，每年减少土壤侵蚀4.5亿吨；建成了80万公顷以上湿地保护区，恢复了68万公顷的草地与林地，有效改善了野生动物栖息地质量，野生动物种群数量增加。

三　生态治理机制

党的十八大报告提出，要把生态文明建设放在突出地位，融入经济建设、政治建设、文化建设、社会建设各方面和全过程，努力建设美丽中国，实现中华民族永续发展。生态文明建设是关系人民福祉和民族未来的长远大计。建设生态文明和美丽中国，一项重要任务就是在充分考虑环境承载能力与资源可持续性的基础上，构建生态环境综合治理机制。因此生态治理机制包括两方面内容：一是生态治理技术措施，二是生态治理制度性建设。我国目前关于生态环境治理的研究往往侧重于某一种生态问题的分析及治理措施的研究，如荒漠化治理、水资源合理利用等，缺乏对一些生态环境极度恶劣地区进行综合治理，同时实现经济和生态环境的良性循环的制度创新研究。生态治理成为20世纪以来引人注目的技术、经济活动，研究人员从技术、经济甚至社会角度不断探讨改进生态环境治理绩效的途径和手段。其实，人类活动才是造成生态恶化的最重要因素，由于在不同的制度规定下，治理主体的经济行为是不同的，制度绩效也可能大相径庭。因此，通过生态环境治理制度创新，尤其是要顶层设计，设计出有利于生态恢复和重建的制度安排，对于提高生态建设资金的使用效率，激发人们投资于生态环境治理，保护现有的生态资源有着重大的理论和实践意义（杨曼利，2004）。在生态治理机制建设中，重点加强治理技术创新、完善奖罚问责机制、建立健全生态补偿机制，重点还要加强风险防控机制。目前，国内外学者关于生态环境治理制度的研究成果颇多，但国外学者侧重于环境保护，国内学者则侧重于宏观政策、治理制度的微观机理的研究和局部问题的分析。一般来说生态环境治理活动分为两大类：一类是自然资源或生态系统的恢复与治理活动；另一类是环境保护和污染控制活动。前者与第一产业相关，后者则是第二产业发展的结果。第二类活动也被称为环境保护，它早已是20世纪的一大热点问题。

受气候变迁因素和人文社会因素的影响，西北地区的生态环境不断恶化，生态脆弱区域不断扩大，尽管国家投入了大量的资金，也出台了许多优惠政策，但并未从根本上改变"局部改善、整体恶化"的局面。持续恶化的生态环境不仅阻碍西北地区的经济发展和人民生活水平的提高，也严重影响了农业的持续发展。遏制生态恶化趋势，重建西北地区生态环境成为摆在我们面前的一项艰巨任务。因此，探讨生态治理模式与农业可持续发展研究具有重大现实意义。

第三章 历史时期西北地区农业环境变迁研究

西北地区农业生产与环境变迁密切相关，千百年来创造的灿烂农耕文明是人们与大自然抗争以及适应的过程取得的。西北地区的地貌轮廓大约在晚新生代前后（约350万—260万年前）基本形成。直到新石器时代（约6000年前），西北地区除原始荒漠外，巨大区域呈现原始草原和森林风貌。地理、地质学家的长期研究证明，在最近800万年前后，随着青藏高原隆升和东亚季风形成，我国西北地区开始逐步向干冷方向发展，粉尘堆积（相当于现代黄土堆积的前身）开始发育，生态景观在多次旋回的基础上总体以森林草原—草原疏林为主。在距今260万年前后地球进一步变冷，北半球冰川增大，青藏高原强烈抬升，西北地区进一步变干，黄土开始堆积，沙漠进一步扩大，至此西北地区的地表轮廓大致定型。历史时期西北地区农业环境变迁除气候变化、自然灾害和自身变化因素影响之外，大部分或多或少都有人文因素影响的痕迹。

第一节 自然因素对农业环境变迁的影响

一 气候呈现冷暖交替变迁

中国有着5000多年的气候变迁史，对中国的农业经济发展和社会生活产生了深远的影响。根据我国地质学和生物学的变迁，我国环境变迁可分为三大阶段：（1）最后冰期的最盛期（距今18000—15000年）：此期沙漠扩大，黄土沉积加速，干旱和半干旱区湖泊萎缩，黄土高原区降雨不足现在一半；我国中部和东部的气温比现在至少低10℃—12℃；（2）全新世最佳期（距今9000—5000年）：温度上升，年均温度比现在高2℃—4℃，山岳冰川迅速减少，甚至消失，干旱沙漠区缩小，半干旱区湖泊扩大，年降雨量比现在明显多；（3）历史时期（距今5000年至现在）见表3–1：气候变为干冷，间有增温小波动，冰川增加，海平面渐渐下降到现在位置。

表3–1　　　　　历史时期西北地区气候变迁与环境响应

历史时期	气候状况	环境表现
夏商 （公元前1000—前850年）	温暖期	黄河常常漫溢；年降水量约比现在多200毫米；内陆湖出现高水位，陇中黄土高原形成第三个黄土层
西周	寒冷时期	气候寒冷干燥；汉水两次结冰；天山和昆仑山发现冰川推进，一些内陆湖泊水位剧降
春秋	温暖时期	（鲁国冬天无冰），陇中形成第四个古土壤层，新疆、青海的内陆出现相对高水位
战国—西汉初	寒冷时期	（橘逾淮而为枳）；陇中黄土沉积加强，西北各山地冰川推进；新疆、青海高原湖水位萎缩
西汉中—东汉末	温暖时期	陇中、青海出现古土壤层；罗布泊、民勤、猪野泽面积扩大；各大内陆河流量增加
魏晋南北朝	寒冷时期	古土壤进入低频期，冰川推进，新疆多寒冷及旱灾现象，内陆河水量减少；楼兰古城走向衰亡
隋—盛唐	温暖时期	长安出现无冰雪情况；梅、柑能在关中生长；陇中古土壤发育；青海湖水位比目前高50多米
晚唐—宋代末	寒冷期	关中石榴、板栗要包裹过冬；西夏、金大规模南侵与北方寒冷直接有关
元初	温暖期	西安、河内（今河南省博爱县）、凤翔三地设立竹监司
元末—清末	寒冷期	公元1620—1730年为最冷时期，整个冷期中冰川曾三次明显推进

资料来源：根据《生态环境约束下西北地区产业结构调整与优化对策（2002年）》资料整理。

气候变化是导致西北地区生态环境变化的主要因素。气候变化导致大气环境异常，对农业生产十分不利。历史时期西北地区的气候变化导致的环境演变，是一种不可控的自然过程。气候冷干时期河流萎缩，湖泊数量减少，面积及水储量缩小，风沙活动加剧，沙漠面积扩大，黄土沉积作用加强，黄土区成土过程中断；暖湿时期河流水量增多，湖泊数量增多、水量增加，降雨量增多，森林面积增加，流沙面积缩小，黄土沉积中断而古土壤发育。因此，气候冷暖交替对农业发展影响十分突出。温暖时期可能雨水充沛，河流湖泊充水量得以明显增加，土壤环境湿润，对农业发展十分有利。两汉时期西北地区气候的相对温暖与湿润（马新，2002），带来了丰富的水资源，并使土壤与植被都处在良好的自然循环状态。这一时期是我国农业发展第一个高峰期，农业人口增加，粮食产量增产迅速，当时亩产已达到264市斤（吴慧，1985）。相反由于气候较冷，天气干旱，降水量不足，河流数量减少，对于严重依赖降水的西北农业来说，非常不利。

二 森林植被呈递减式变迁

森林植被是人类生存与发展的不可或缺的自然资源。历史时期西部曾是林草丰美、绿茵遍地的秀美区域。然而由于近代战争不断和乱砍滥伐，导致了今天的西部水土流失土壤沙化，使西部成为经济最不发达、生态最为恶劣的地区（李璇等，2008）。夏商周三代西北地区基本处于温暖湿润时期，除原始荒漠外，黄土高原植被茂盛。大部分地区尤其是西北内陆河流域水量充裕、湖泊众多。《诗经》中众多诗篇也写到陕西地域多森林湖泊分布。

秦汉时期西北地区气候变暖，农业经营区域扩大，森林草原区域缩小。当时关中和渭北地带还有少部分草原；但是甘肃和宁夏仍有大部分草原，《荀子·强国篇》就讲到战国末年初到关中的人仍称道这里是"山林川谷美，天材之利多"。《汉书·地理志》和《水经注》对此也有记载。秦汉时期生态环境出现变化：一是关中的绝大部分土地被开垦成农田，平原森林和草地已几近殆尽；二是因屯田黄土高原北部、西部许多草原被开垦。

魏晋南北朝时期，由于西北地区农牧交错，农牧民族交融，农耕区域减少，而牧区逐渐增多，在游牧民族控制下，自然生态得到保护和恢复。生态环境在隋唐时期出现新的情况。一是由于农耕民族逐渐控制西北广大区域，农业经营由平原地带向草原地带扩展，致使黄土高原的草原大面积减少，山地森林生态得到进一步破坏。二是战乱对生态环境造成破坏。公元5世纪初，夏王朝都城——统万城附近自然环境是"临广泽而带清流"。但到唐中后期，民族间纷争频繁，战火焚烧森林、农田荒芜、渠道失修，天然植被受破坏。到唐宪宗（公元806—821）后，便有"沙头牧马孤雁飞"，"茫茫沙漠广，渐远赫连城"的描述。到宋代以后则成为"四望黄沙，不产五谷"的荒漠。

　　宋元时期由于寒冷气候交替，西北地区气候变幅较大，因此西北地区的农业经营区域持续向草原地带扩展，关中秦岭等地山林和生态林遭到严重破坏。宋元由于西北地区战事频繁，生态环境破坏严重。一是战乱造成田地荒废、森林破坏。二是军垦持续加剧陕北草原区域破坏（李润乾，2005）。

　　明清时期对西北地区生态环境的破坏最为严重。这一时期人口激增，人地矛盾成为必须应对的基本国情。1858 年，清政府正式宣布移民充实边疆、开垦荒地的政策，农耕区越过长城进入内蒙古，并向东北、西南和边疆发展。我国全部天然森林覆盖区和北方的部分草原几乎都受到干扰和破坏，在近 2000 年的人类活动影响下，我国森林覆盖率由原始状况约64% 下降到清代初期的 21% 左右。对生态造成破坏的主要是军屯、商屯和乱砍滥伐。明、清时代延安地区乔木松、柏、槐、柳、榆、桐、椴木等分布较普遍。"其植松柏间生，榆、柳、桦、杨在水隈山曲梢后处丛然"。整个三北地区历史上生长过大面积的白榆森林，内蒙古的白榆林占森林面积的7%。明时在陕北修筑长城，屯驻人马增加，开荒砍柴、放牧强度大，植被进一步遭受严重破坏。目前保留下来的天然白榆林已经很少，分布也较分散，多呈片林、疏林或散生树木存在。

三　土地资源呈现扩展变迁

　　土地资源是西北地区农业发展的重要资源，由于历史时期的人口增加和农业区域的拓展，西北地区的农业生产在生产力低下和单位面积增长有限的情况下，为了养活更多的人口，必然要毁坏森林和草原，垦荒造田以扩大耕地面积。据有关资料统计，先秦时期我国人数量维持在 1000 万—1300 万人，汉平帝元始（公元 2 年），人口一度增加到 5950 万人，是我国历史上人口第一次快速增长时期。当时有耕地 3847 万公顷，较汉初增加 6.4 倍。农耕区的西北界远至新疆、河西走廊、银川平原及内蒙古南部，南界扩大到西宁、成都一线。隋唐时期，人口进一步增加，公元 609年达到 4600 万人，到 775 年更增至 5290 万人，耕地面积扩大到 732 万公顷。平原土地开垦殆尽，番田延至上起四川盆地经武陵，至东南诸山地。宋代以后，梯田法的普遍采用更加快了山地升发速度。明清时期对西北地区生态环境的破坏最为严重。明清时期人口激增，在人口压力下"向山要地，与水争田"，农业地域空前拓展，掀起了新的农业开发高潮。明清时期，土地利用范围的进一步拓展，农业向高寒地带与生态劣区的推进，在有效地解决衣食压力的同时，也诱发了后世的生态环境恶化问题。根据统计：从顺治十八年到嘉庆十八年的 150 年中，耕地面积增加到 1610 万公顷。

西北地区黄土高原是世界上水土流失最为严重的区域。但历史时期黄土高原的土壤环境在不同时期也有不同响应。景可等（1983）对历史时期黄土高原年均土壤侵蚀量、土壤自然侵蚀率与人类加速侵蚀率变化状况进行研究（见表 3 - 2）。尽管表中所列数据是否十分准确还有待继续研究，但正如作者在论文中所指出的：与自然加速侵蚀率是一恒数不同，近 3000 年来人类加速侵蚀率呈不断增长的态势，并与人为活动不断加剧呈正相关。历史经验证明：除自然因素外，人为因素是加剧黄土高原水土流失的重要原因。这一情况同秦巴山地在明清时期，随着大批流民入住，大规模毁林开荒后造成了水土流失，导致环境变迁的原因是相通的。

表 3 - 2　　　　黄土高原历史时期自然侵蚀和人类侵蚀率比较

侵蚀分类年代	年均土壤侵蚀量 （亿吨）	自然加速侵蚀率 （%）	人类加速侵蚀率 （%）
全新世中期 （距今 6000—3000 年）	10.75		
公元前 1020—公元 1194 年	11.6	7.9	
公元 1494—1855 年	13.3	7.9	6.7
公元 1919—1949 年	16.8	7.9	18.4
公元 1949—1980 年	22.33	7.9	25.0

四　水环境呈现剧减式变迁

由于受地形和气候因素，西北地区大多处于干旱半干旱区域，农业生产基本倚仗天然降水。在一些河谷平原区域，农业生产用水也依赖河流和湖泊的水资源。受地理环境影响，西北地区河流湖泊水量基本上少于南方。历史时期类似河道改流、断流情况以及湖泊面积缩小情况在西北地区时常发生。原因除了干旱的气候环境之外，人类不合理的活动和改造也是重要原因。以新疆塔里木河流域为例，塔里木河是我国内陆干旱区最大的河流，全长 2100 公里。河水主要来源于盆地周围山区降水和冰雪融水。

这里的干旱气候早在新生代早期（距今约 7000—2500 万年已经形成），具有现代干旱特征是在第三纪末和第四纪初。生态环境十分脆弱，风沙灾害频繁，土地沙化严重，特别是近现代时期，塔里木水系在自然干旱和人为因素影响下迅速瓦解。植被随之退化，天然绿洲萎缩。据统计，塔里木盆地胡杨林面积到 1958 年仅剩 52 万公顷草地、河湖面积减少更多。罗布泊湖面，20 世纪 40 年代仅剩 3006 公顷，70 年代更是消失。历史时期记载中的渭河和汾河曾经行舟，到近代因为无水而没有航运。古书中曾记载的陕西境内的弦蒲、阳华、焦获等河流到近代已经消失。

综上所述，历史时期西北地区的农业环境是随着大自然的不断演变、农业的不断发展、人口的不断增加而不断恶化的。古代西北地区生态环境恶化有其自然原因，如西北地区绝大部分属黄土高原，且紧邻原始沙漠区，紧邻沙漠区黄土疏松不易保持水分，随时面临风沙的威胁。因此黄土高原上的植被具有极端脆弱性，其生长起来极不容易但被破坏又很容易，一旦被破坏就很难恢复。西北地区地处东亚季风控制，常常有夏季暴雨和冬春狂风，致使其本来就脆弱的生态植被不断受到雨蚀、风蚀的破坏。5000 多年来中国气候变化对西北地区的生态环境也产生了直接影响。西北地区相对干旱少雨，其中明万历至清顺治年间（公元 1579—1655 年）少雨干旱时间长达 76 年之久，这对农业环境造成严重影响。

第二节　人文因素对农业环境变迁的影响

一　人地矛盾导致农业生产环境恶化

传统农业时代中国农民的耕地占有情况在春秋战国至隋唐时期处于高水平阶段，人均耕地占有面积超过 10 市亩，秦汉时期达到历史高位 13.62 市亩。隋唐以后一路下滑，清代跌至人均占有耕地面积 5 市亩的低水平上（见表 3 - 3）。其中关键因素在于清初人口增长及其后的呈几何级数倍增。西北地区也不例外，人口激增与这里原本就脆弱的区域资源环境发生了巨大的冲突，破坏了西北地区人地关系和谐，导致生态环境的恶化趋势加快（赵珍，2004）。

表 3 - 3　　　　　　　　　　历代农民人均占地统计

朝代	耕地面积（亿市亩）	农村人口（万人）	农民人均占有耕地（市亩）
春秋战国	2.3	2240	10.27
秦汉	5.72	4200	13.62
魏晋南北朝	3.85	3500	11
隋唐	6.42	6300	10.2
宋辽金元（A.D.1100）	7.2	8400	8.57
明（A.D.1600）	10.7	14000	7.64
清（A.D.1800）	10.5	21000	5
清（A.D.1840）	14	28000	5
清（A.D.1911）	16	32200	4.97

　　明清以后人地矛盾加剧，农业除了追求内涵纵深发展外，外延性的农地拓展成为这一时期农业发展的主要特点。农业加剧向自然界开发，人类增加土地的利用方式来延缓矛盾。清代时期，甘肃兰州地区农业开发面临由于人口急剧增长造成人地关系的紧张的局面。人们不断开垦土地，重点由平地和谷地转向山坡地带。对山地植被造成严重破坏，导致兰州地区生态环境急剧恶化。清代是青海河湟地区农业持续发展的重要时期。随着人口增加，土地垦殖的速度加快，到乾隆年间，位于河川谷地的农田均已开垦出来。此外，土地的开垦逐渐伸延及山、坡地。坡地、山地的增加，对山体植被破坏较大，水土流失加剧，造成部分农田的荒废及环境面貌的改变。虽然有学者认为青海当时人地矛盾引起的生态恶化仅局限在已有垦殖区域的局部地区，并没有波及全省范围；并指出不能把青海现有的水土流失、草场退化和沙化、河流及湖泊水域面积减少等全省范围内存在的生态环境问题完全归咎于近代时期的农业垦殖。笔者认为，由于青海特殊的地理环境和气候因素，人口增加只是在适合农业生产的河湟区域，并不包含整个青海。从以上分析可以看出，人口增减与生态环境变迁关系密切，人口数量变化与自然灾害关系密切，人口数量增加会对生态环境系统造成冲击，生态系统内部关系遭到破坏，系统破坏后再恢复的过程不仅具有很强的滞后性，还将更加显现区域脆弱性特征。这一时期黄土高原区域，随着大量"客民"涌入（樊志民，2006），大量人口垦殖和垦荒带来严重的生态问题。由于大批迁入人口的自发性特征，对黄土高原农业开发缺乏规

划，采取不计成本、低水平农业生产，成为黄土高原生态失衡的主要诱因。

二 农业开发不当导致生态问题严重

历史时期农业开发中的政策和技术措施不当是最终导致生态环境恶化的主要原因。秦汉农业开发是历史上的第一次西部开发，其开发规模及开发程度史无前例，因此秦汉代西北农区开拓的历史意义值得肯定，但是在创造灿烂文明的同时又引发了一定的生态环境问题。由于农耕区域的扩大，大规模开垦游牧区域的土地，对该区生态环境造成了不良影响。汉时期由于在河西走廊滥砍森林、随意开河挖渠；在绿洲区域大规模的移民引水、屯田，最终导致了森林和植被的破坏，绿洲为沙漠所吞并。此外，人为变牧或为农的开发方式造成的严重水土流失，导致黄河在两汉时期屡次泛滥。这些不合理农业开发行为是导致环境变迁的重要原因。明清时期是西北开发的又一个高峰时期，这一时期农业开发对生态环境的影响主要是在人口压力与国家政策对生态环境的影响上。由于明代政府在西北开发问题上缺乏统一计划和合理安排，过于追求开垦面积，形成过度开垦。而过度开垦的结果又使得森林草原植被大量被破坏，生态环境条件恶化，引发水土流失、土壤沙化和黄河下游水患严重等。马雪琴（2001）认为如果明代屯田开垦过程：一能做到因地制宜，合理安排；二能完善管理，善始善终；三能开发与保护相结合，才能有效改善生态环境。清代陕南、关中、陕北等区域的农业开发在人口日益增长的压力之下，不顾后果，过度砍、烧森林；过度滥垦土地、草原等天然植被，导致干旱、水涝等自然灾害频发，水土流失严重，耕地面积大范围减少。

绿洲农业开发因为周围生态环境脆弱，农业经营会导致地表植被遭到破坏，极易形成沙漠化。还有一个比较重要的问题就是沙漠绿洲的土地盐渍化问题。由于人为原因，极大浪费和利用水资源，导致水位上升，土壤次生盐渍化加剧；历史时期绿洲农业发展，由于重点发展农耕生产，需水量激增，水资源遭到大量开采，加上绿洲区域人口数量激增，不断利用不合理的农业生产方式，这样的后果就是绿洲原始生态遭到严重破坏，绿洲区域面积急剧缩小。此外绿洲农业开发也有正向作用，由于绿洲农耕区域的逐步扩大、灌溉农业面积逐步增多、农作物蒸腾加强，相对来说绿洲湿度得到增加，会逐步减缓荒漠化的扩展趋势。通过绿洲区域大量种植水稻等农作物，种植类如苜蓿等经济作物，进一步采取渠灌和轮作等农业经营方式，还会减少土壤盐碱化的破坏能力。如果在绿洲区域有效提高土壤管理能力，还会促进生产力的提高，从整体上改善生态环境。敦煌绿洲土壤经过 2000 多年的灌水和施肥经验的农业实践，耕层土壤加厚到两米以上；黄土高原地区由于几千年施用有机肥料，形成 20—30 米，甚至 50 米的人造表层土壤（李生秀，2004），充分证明这一观点。

对历史时期农业开发经营产生的生态问题应做认真思考。广袤的西北地区的生态环境总体相当脆弱，在农业开发和农业经营方式扩展的进程中，由于生态意识的缺乏和经营中的某种无序性，农业过度开发很容易生成诸多生态环境问题（朱宏斌等，2003）。在人文因素影响下，不合理农业开发方式引发的环境变迁应当引起现代人们的高度重视和反思。农业开发并不是只会对环境变迁起到恶化作用；有时也会起到正向作用。历史时期西北地区绿洲开发对生态环境变迁具有正向和反向性，西北地区采取何种农业开发方式避免环境恶化，或选择何种正确技术措施适应环境变化是非常重要的现实问题。

三 技术选择对生态环境变迁的双向性

明清时期西北地区农业开发，主要采取移民边疆，而采取的农业生产技术相对来说比较落后，此外由于地环境因素和气候因素影响，农业技术应用产生地域的不适用性，这样一来，后果有两种，一种是可以增加土地量，可是另外一种却是对环境造成破坏。因此，农业技术使用的不合理性和不适应性会加剧人地矛盾，进而导致对土地滥垦，最终形成生态危机、区域生态失衡。

农业技术选择与生态环境变迁之间存在互动关系。其中"选择粗放的技术类型同特定环境下经济生产和生活方式关系密切；而选择的粗放技术到了一定的程度就会反过来对环境产生严重影响"的观点对西北当代生态脆弱地区如何选择正确的农业技术有着重要的指导意义。清代类似"广种薄收、到处垦荒、烧荒撂荒"粗放经营方式对生态环境的破坏主要体现在人口迁徙对环境的破坏上，随着人口迁徙，其主要目的在于温饱问题，而不考虑生态问题，破坏生态的主要方式就是乱垦滥伐。清代西北地区的地理环境的特殊和人口压力加大，粗放生产技术才有大力发展的可能，在这种情况下使用粗放生产技术成本低、使用方便，但是后果不一定理想。因为农民考虑的只是解决吃饭问题，从不考虑生态问题。

然而传统农业中某些技术对改善生态环境仍具有现实意义。西北地区旱作农业实行的精耕细作技术体系包含诸多改善生态环境的具体技术和细节。比如集约的土地利用方式，强调用养结合，在数千年农业开发中没有出现大规模地力衰竭特征，原因在于传统精耕细作技术讲究农业生产环境条件改善和农业生产能力提高的统一性原则。在针对农业发展中的灾害环境，历史时期西北地区在长期的农业生产实践中选择了一系列行之有效的传统农业技术措施进行防灾、抗灾和减灾，对促进西北地区社会经济发展和改善生态环境起到了重要的作用。历史时期西北地区自然灾害种类繁多、发生频繁，对农业生产环境造成严重威胁。西北地区诸多灾种中，水、旱、蝗灾对农业危害最大，三者之中最严重者是旱灾。由于区域地理环境和气候特点因素影响，旱灾对农业危害最大。西北地区气候日趋干旱，既是全球气候变化使然，又应归咎于人类对自然资源不合理开发和破坏行为。甘肃地区人民针对旱灾威胁，历史时期曾采取开沟治流，植树造林等农业技术措施进行抗旱，此措施除有效抗旱外，并且对改善生态环境起到显著效果。周秦汉晋时期西北地区农业灾害众多、发生频率高，农业灾害对社会经济和农业带来严重危害，卜风贤（2001）从农业减灾的角度研究灾害与农业技术之间的关系，因此提出利用水利工程技术、农业技术以及物理、化学、生物等方法进行减灾。这在一定程度上还有效保护了农业生产环境。

第三节　国家行为对农业环境变迁的影响

一　无序移民导致牧区生产环境恶化

明清时期人口增加迅速。据《中国历代户口、田地、田赋统计》统计：元代全国人口在 8000 万左右，明代人口达到 2 亿；清代人口的发展又迥异于宋明时期，1760 年左右人口突破 2 亿，1800 年后人口突破 3 亿，1840 年左右人口突破 4 亿；民国时期人口约在 4.5 亿左右。人多地少的矛盾尤为突出，生态环境趋于恶化，引发了流民和移民等社会问题。清代陕北和山西交界地区在这一时期便出现由政府主导的移民"走西口"现象。山西西部和西北部以及陕西北部的府谷、神木、榆林、定边等地都是典型的黄土高原区域，干旱少雨；人口增长迅速、土地贫瘠、自然灾害频繁、农民日益贫困。为了维持生存，不得不"迁徙"内蒙古西部一带。

这是促成"走西口"最根本的原因。由于内蒙古地广人稀，单一的游牧经济需要发展农业，再加上当地人力有限、缺乏基本的农耕技术和农业人口，这就为地窄人稠的内地农民迁移创造了前提。这是"走西口"的客观原因。生态环境的恶化是引起人们流动的重要原因，但是反过来人们的流动又引起了生态环境的恶化。由于清初人口前所未有的大爆炸，以至于各级官府不得不采取移民的政策开发西部地区。内蒙古与陕北、甘肃、宁夏交界的长城内外一带，明清以来，农业生产区域扩大，农业开垦区域加大，陕西和山西许多农民来到内蒙古草原地区进行农耕生产，在草原上开辟新垦区。最终导致了两个结果：一是人口大规模的增加。据统计，乾隆四十一年（1776）时，内蒙古有人口 185.5 万人，至嘉庆二十五年（1820）时，人口增加到 229 万人，净增了 43 万多人（赵珍，2004）。二是造成草原面积的不断缩小和农牧界北移。这样的后果就是草原荒漠化加剧，环境持续恶化。

因此，不但要考虑人口迁移对环境造成的影响，还要综合考虑迁移的各种因素，才能得出人口迁移对环境造成的影响。历史时期西北地区以移民或招民进行开发，人为扩大农耕区域，移民开发的无目的性和盲目性造成传统游牧民族区域生态环境恶化。因此注重移民措施与生态环境的变迁研究非常重要。

二　农牧区域经营不善导致生态失衡

西北地区农牧兼宜，历史时期农耕和游牧民族由于对西北地区土地的经营方式不同，往往会造成生态环境的不同变化。黄土高原是农牧发展最明显的区域，由于历史时期农业地区和畜牧地区的几次交替演变，除高山峻岭无人过问外，原先茂密的森林被砍伐殆尽，为了扩大耕地，越来越多的草地也被开垦成农田，造成严重水土流失。明清时期农业人口急剧增加，西北地区由国家主导实施大规模农业开发，农牧业经济结构发生重大变化，农业生产的区域不断扩大和增加，农业经济日趋兴盛；到清代后期，农业经济已经逐渐代替牧业经济，在西北地区社会经济生活中占主导地位。农业结构性问题的出现农牧交界带农耕和游牧民族因生存而争夺"草场和耕地资源"，结果导致生态环境更趋恶化；严重者还会引发一系列社会矛盾，成为社会不稳定因素。

历史时期黄土高原上曾经分布着广大的森林，属于森林草原地带。游牧民族所经营，便适宜畜牧业的发展；而当农耕民族经营时，一般采取广种薄收的耕作方式，不仅农民自身满足尚缺，更会造成自然环境的严重破坏。由于黄土高原多丘陵沟壑，地质疏松，在风蚀和水蚀作用下极易造成土壤流失。如果人口压力不大，在较低土地垦殖率下，地表林草资源可以减缓对土壤的冲蚀。如果农牧业采取的经营方式不善，会破坏自然植被，土壤侵蚀大大加剧。"明清尤其是近代以来以滥垦、滥牧、滥伐为特征的掠夺性经营活动，使黄土高原区域严重的水土流失和风沙发生日益频繁"（樊志民，2006），黄土高原地区农业生产环境日益恶化。

针对历史上西北地区农牧业经营问题，在肯定其历史功绩的同时，要充分认识其带来严重的生态环境问题。在西北农牧兼宜区域，只有遵循自然法则与经济规律办事，宜农则农，宜牧则牧、合理安排农牧业生产布局，才能在恢复生态效益的基础上，走西北地区社会经济可持续发展之路。

三　开发战略失误导致生态环境恶化

历史上以国家行为为主导的西北开发有过多次，虽然一方面在屯田防卫和农业开发上有积极的意义，但在另一方面也造成了西北生态环境持续恶化。由于"国家政策及其指导下的政府和社会行为、活动对生态环境的变迁有很大的影响"，在封建社会里，统治者对生态资源进行巧取豪夺，丝毫不考虑生态环境的承受能力及其行为所产生的不良后果。秦汉时期的移民与屯垦边疆政策的推行虽然一方面开发了边疆，但另一方面却严重地破坏了北方特别是黄河上中游地带的生态，导致生态灾害的频发。国家行为导致西北生态环境不断恶化的根本原因在于以国家为本位军事型西北开发战略的选择。于是掠夺性的开发带来对土地的滥垦、水资源的过度开采以及人地关系的高度紧张。历史时期国家对西北的开发，虽然对开垦荒地、巩固边防、促进区域农业经济与民族交流融合有过一定的成效，但是在历代军政推动下所造成的开发具有非连续性和非计划性，其直接后果就是造成西北地区生态环境的急剧恶化。因此历史时期的国家开发终究不能从根本上把西北社会带入全面、持久的良性发展轨道，相反还在一定程度上给今日西北地区的生态环境造成了一系列负面影响。

四　政策实施对农业环境变迁的制约

关于制度制定对生态和农业发展的影响，在改革开放以后尤其是家庭联产承包责任制施行以来表现得尤为明显，以农村土地产权制度为例，由于农村土地产权制度中的种种缺陷，在农民生产行为特别是环境生态行为合理化方面起到误导作用，造成了农民环境生态行为的短期化和中国农村农业中环境生态问题日趋严重。我们甚至可以在这种短期化行为同农业环境生态问题之间找到一一对应的关系：由于土地产权的相对不明确和现实中经常出现的重新划分，农民对土地难以形成长期拥有、长期使用的意识，于是农民只管短期的增产，大量使用化肥而不管土地的长期肥力。农民不愿意对土地设施进行长期性投资，造成土地肥力普遍下降、化肥过量施用泛滥的现象。

分析土地的产权制度对环境生态的影响，还可从林地产权的情况来说明。由于照搬种植业中按人分配、家庭承包的做法，农民对于无偿分来的林地缺乏稳定的权利预期，长周期、高投入的林业生产经营便成为无利可图的项目，于是农民只管砍树卖钱、不管投资育林，分林到户政策的实施在很大程度上造成生态大破坏。承包地上的树木遭到乱砍滥伐，致使水土流失、土地沙化、气候恶化、灾害频繁。这种情况发生在 80 年代，其结果是 90 年代水旱灾害的超常增加，这一生态系统的破坏对林业、种植业都造成了长期的影响。可以从反面证明产权关系对农民行为进而对农业生态环境影响的重要性，近几年，中国很多边远地区和种植业落后的地区开始实行荒山有偿拍卖的政策，以成规模的面积、长期的排他性产权将荒山卖给农民经营。而通过拍卖获得荒山产权的农民因为对其产权有较稳定的预期，反而愿意对其进行长期投资、细心经营，收到了良好效果。

第四节　全面认识历史时期的农业环境变迁

从以上研究中，历史时期西北地区的生态环境是随着大自然的不断演变、农业的不断发展而不断变化，这与其生态脆弱、植被退化和自然灾害有一定的关联，但总的来说人为因素和社会因素在其中起到了关键作用，比如人地关系紧张导致的环境变迁问题比较突出。明清西北地区人口增长与这里原本就脆弱的土地资源和生态承载力发生了巨大的冲突，破坏了西北地区人地关系和谐，导致生态环境的恶化趋势加快。历史时期西北地区农耕区域的扩大和过度开发，不仅危害了生态环境，还造成环境危机，引发了一系列的严重社会和政治问题。因此，西部社会经济必须坚持开发与生态内在机理相协调的战略，遵循生态伦理价值观，走可持续发展之路。

历史时期西北地区的农业开发的确为维护边疆稳定、促进当地农业经济发展做出过贡献。但中央政府在边疆的屯田政策并不一定同土地的合理利用结合起来。这表现在：一是作为屯田的土地是否适合开垦，二是开垦的土地未能合理利用。这是引起环境变化的重要原因。此外，由于明清时期的人口剧增、人地矛盾激化、土地利用和开发极不合理也是造成生态环境恶化的重要原因。

其实社会因素对历史时期环境变迁的确起到了重要的影响作用。历史时期西北地区以移民或招民进行开发，促进经济为主导的行为，忽视了人与自然关系的和谐，尤其是忽视了生态脆弱区土地和生态资源的相对承载能力，造成了区域生态环境恶化。因此注重对移民措施与生态环境变迁研究非常重要。

针对历史时期半农半牧地区出现的生态环境问题，可以说农耕民族在其中负的责任最大。历史证明，在适合游牧民族生存的生态脆弱区域，如果是以粗放的农耕方式经营，其损害生态的程度要远高于游牧民族。因此如何处理好农牧关系，如何因地制宜地选择合理的生产技术措施显得尤为重要，这对促进当今西部开发中实施退耕还草、还林等政策以及对改善半农半牧地区生态环境，促进民族和谐有着重要的意义。针对历史时期西北地区历次国家主导行为的开发来看，笔者认为自然环境、资源禀赋，是一个国家或地区经济和社会发展模式的重要决定因素；同时一个国家或地区农业和经济发展模式的选择对生态环境的变迁也有重要影响，生态环境和社会发展存在互相制约、互相影响的关系。

因此政府在当今西北地区开发中，要肩负起重要的责任，必须全面树立和落实可持续发展观念，眼光要放长远；要进行科学规划，切忌短期、近期效应；针对西北丰富的自然资源要合理利用，要结合当地的实际情况，因地制宜选择合理的生产技术进行开发。制定合理的生态政策和治理制度，把西北经济发展同积极保护生态结合起来，促进西北地区环境和农业形成良性持续发展。

第四章　近代西北地区农业灾荒环境变迁研究

从历史时期来看，引发农业环境变迁的因素主要有自然因素、人为因素和社会因素。但不否定在某一特定时期、某些区域内，引发环境变迁则是由某一因素做主导，其他因素为辅。从近代西北来看，就存在类似的现象。近代西北地区是自然灾害的重灾区，旱灾、水灾频发不断，冰雹、霜冻、蝗灾重叠发生，导致灾荒肆虐，对农业发展环境、农民生存环境和自然生态环境造成了极大破坏。由于近代灾荒与农业环境的密切关联性，可称之为近代灾荒环境。近代西北地区战乱频仍，加速灾荒对环境持续破坏；加之晚清和民国政权腐败、高利贷剥削严重、农民贫寒交迫、社会承灾能力极低，农业发展长期处于动乱和脆弱的环境之中。因此，深入探讨灾荒与农业环境是环境史研究领域的重要内容之一。开展灾荒环境变迁研究对现代减灾和保护环境具有历史启示作用。本章从近代陕西灾荒为出发点，主要探讨灾荒对农业环境造成的影响和冲击。

第一节　近代环境凸显灾荒特征

近代以来，"天灾与人祸"可以说是西北地区农业和社会发展的主旋律。两者在对农村生存环境和农业发展环境造成严重危害的同时，不自觉地加剧了生态环境的破坏。

一　灾荒概念界定

中国有所谓的"灾荒的国度"之称。所谓灾荒，乃是自然界给人类社会所造成的祸害，一般是指水、旱、风、虫、地震等自然灾害及其所造成的饥荒。它的发生，一方面是由于地理环境、气候温度等自然条件的影响；另一方面，也是主要的，就是当时的社会因素（诸如社会生产力水平低下、统治者疏于理国、战争）所造成的。但是灾荒是由"灾"和"荒"两个既相区别又相联系的概念组成："灾"俗称天灾，一般指自然灾害，它是在一定历史条件下由不可抗拒的自然力，通过非正常的、非一般的方式释放出来，对人类生存环境、物质财富乃至生命活动造成直接的破坏。"荒"多指饥荒或饥馑，即天灾人祸之后因物质生活资料缺乏特别是粮食短缺所造成的疾疫流行、人口死伤逃亡、生产萎缩衰退、社会动荡不宁等社会现象（袁林，1993）。通常情况下，自然灾害是形成灾荒的直接原因，但不是唯一原因，由"灾"到"荒"往往要通过"社会脆弱性"这个中介才会体现出来（夏明方，2000）。但是有灾不一定必然形成饥荒，关键在于相应社会的组织程度，以及以此为基础的抵御天灾的能力和事后救援能力。社会组织程度高，对天灾的抵御能力和事后救援能力较强，则许多天灾尽管可以造成严重危害，但未必能产生饥荒。邓拓当年在研究中指出：灾荒乃是由于自然界的破坏力对人类生活的打击超过了人类的抵抗力而引起的损害；在阶级社会里，灾荒基本上是由于人和人的社会关系的失调而引起的人对于自然条件控制的失败招致的社会物质生活的损害和破坏。该定义包含了"灾害"和"饥荒"两大因素以及二者的逻辑关系，但又似乎只强调灾荒对社会物质生活的损害，而忽视了对社会精神生活和人的生命的损害，如地震、海啸造成的恐慌和死亡。

　　据此，笔者认为灾荒乃是由于自然灾害或者人为因素迫害导致民生、经济社会、农业发展环境负相关的一种恶性扩散和影响。

二　旱灾频发引发灾荒危机

　　近代西北地区是自然灾害的高发区，灾害种类多、发生区域广、危害程度重是其主要特点。诸多灾种之中旱灾发生的频率最高（见表4-1）。陕西省也不例外，近代陕西从1840—1949年的110年间，旱灾发生的范围、危害程度，频次、较其他灾害均为严重。在这110年中，陕西省有旱灾记录的年份达81年，几乎年年有旱灾。其中，1846年、1867年、1877年、1892年、1900年、1920年、1929年和1941年发生全省性大范围旱灾；且1840年以来，持续干旱时间在3年以上的北方特大旱灾都波及陕西省（见表4-2）。

　　1840年前后，陕甘大部分地区陷入旱灾的旋涡。1847年，北方包括陕西在内的5省遭遇大旱荒，陕西灾情较为严重。有关资料统计自1840年至1860年20年间，陕甘每年都有因旱灾"缓征粮赋"的记载。而清光绪三年（1877），秦、晋、豫、陇大旱灾尤为严重，令人谈灾色变。

表 4 - 1　　　　　　　西北地区几个历史时期大旱灾频次比较

朝　代	时间跨度（年）	大旱灾以上次数（次）		大旱灾频次（次/年）	
		陕西	甘宁青	陕西	甘宁青
隋唐五代	380	36	12	1 次/10.56 年	1 次/31.67 年
宋辽金元	409	46	40	1 次/8.91 年	1 次/10.5 年
明朝	277	93	51	1 次/2.98 年	1 次/5.43 年
清朝—民国初期	306	45	55	1 次/6.80 年	1 次/5.56 年
20 世纪 20—40 年代	30	6	6	1 次/5 年	

资料来源：根据《西北灾荒史》中的数据整理。

表 4 - 2　　　　　　　近代陕西大型旱灾统计（1848—1949 年）

发生范围	等级	数量（次）	发生频率（次/年）
10 州县以上	中等	38	3
全省性	大旱灾	8	14
北方地区（全省）	特大旱灾	4	28

资料来源：根据《西北灾荒史》中的数据进行整理。

　　1899 年陕西大面积旱荒。1900 年陕西更是大旱，赤地千里，饿殍载道。由于"缺雨收欠，薄近复夏雨愆期，秋稼受伤尤甚，小民多就食他方"（西北大学历史学系，1984）。因而旱情十分严重，旱灾发生区域几乎遍及全省。陕西巡抚岑春煊曾向清廷奏报陕西受旱之范围："本年亢旱日久，灾区甚广，且大半连年无收，绝少盖藏，情形十分困苦。综核等次，以高陵、三原、泾阳、醴泉、咸阳、富平、大荔、韩城、蒲城、白水、岐山、扶风、肤施、安塞、甘泉、安定、延长、延川、定边、靖边、府谷、神木、邻州、三水、淳化、长武、塘州、宜君、洛川、中部、乾州、武功、永寿、绥德、米脂、清涧、吴堡三十七州县为重，咸宁、长安、兴平、同官、临潼、渭南、耀州、兰田、朝邑、郃阳、澄城、华州、凤翔、麟游、保安、宜川、榆林、葭州、怀远十九州县次之。统计饥民一百数十万。""灾区甚广，且大半连年无收，绝少盖藏，情形十分困苦。"（袁林，1994）其中包括高陵、三原、泾阳……武功、永寿、绥德、米脂、清涧、吴堡等在内的三十七州县为重灾区；"咸宁、长安、兴平、同官、临潼、渭南等"十九州县为次重灾区。饥民人数统计达一百数十万之多。

1928—1930 年的陕甘大灾荒，是陕西近代史上最严重的旱灾，三年不雨，六料未收。1932 年"自春至夏，雨常失时，麦既未收，秋又失望……赤地千里，灾情至重，几遍全省"。[①] 灾民多达 410 万人，其中死者 472749 人，占灾民总数的 12%，居本年各省灾民死亡人数之首；1933年，"因历年旱灾，灾情益见严重"，"灾区广大，灾民众多，凄惨情形，甲于各省"，计受灾县达 86 个，灾民 4768030 人，财产损失 1450260 元，受灾面积达 12260 平方公里（国民政府统计局，1933）。

三　水灾频发加重旱荒危害

西北地区虽然大部分处于干旱半干旱地区，但是局部地区出现旱灾的年份还是比较多的。另外，水灾危害不亚于旱灾，水灾出现的地区恰是农业生产条件较好的河谷平原灌溉区域。频繁发生的水灾对农业生产带来了严重危害。

表 4 - 3　　　　　　　西北地区几个历史时期水灾频次比较

朝　代	时间跨度（年）	灾次数（次）		水灾频次（次/年）	
		陕西	甘宁青	陕西	甘宁青
隋唐五代	380	86	36	1 次/4.41 年	1 次/10.56 年
宋辽金元	409	48	49	1 次/18.52 年	1 次/3.64 年
明朝	277	112	76	1 次/2.47 年	1 次/2.20 年
清朝—民国初期	306	236	220	1 次/1.30 年	1 次/1.39 年
20 世纪 20—40 年代	30	29	29	1 次/年	

资料来源：根据《西北灾荒史》资料整理。

从表 4 - 3 可以看出，在隋唐五代时期，陕西 4 年多发生一次水灾，而甘宁青则十多年才发生一次；到了明朝，西北地区平均两年多发生一次水灾；清朝和民国初期，西北地区平均一年多就有一次水灾发生；而在20 世纪 20—40 年代，西北地区 30 年间发生水灾 29 次，达到一年一次高频率。

西北地区水灾频发不但加剧了旱荒危害，也加重了灾荒程度。1868

---

① 《申报》1933 年 2 月 3 日。

年，陕西发生了近代以来最大的一次水灾。关中、汉中等地区 60 余县受灾，使刚遭受严重旱灾的地区复又成灾。这次灾害因发生在陕甘数年战乱期间，其成灾严重程度不亚于 1877 年的"丁戊奇荒"（杨志娟，2008）。从 1884 年到 1889 年，陕甘两省遭受水灾，其中 1884 年汉中地区中部、关中地区 14 州县受灾。

1904 年，陕西刚从世纪之初的旱灾影响中挣脱出来，又有 63 州县发生水灾。1906 年、1909 年、1910 年这 3 年分别有 20 多州县遭受严重水灾，暴雨致使各河堤冲毁严重，造成大面积庄稼被冲毁。1921 年，陕西全境 50 多州县遭遇特大水灾。仅一年之隔，1923 年又有十余县发生水灾；1925 年，复又有 40 多州县受水灾。水灾频繁发生，灾情十分严重。

1931—1935 年，是近代水灾最为严重的灾害期。1931 年，陕西全境近 50 县受水灾，由于阴雨连绵，陕西境内几乎所有的河堤决口、山水泛滥、成灾奇重。1932 年，水灾由陕西蔓延至甘肃、陇中、陇南、陇东、宁夏几十个州县。1933 年 8 月，水灾更加严重，黄河中游发生有实测记录以来范围最广、降雨量最大的一次暴雨。暴雨区受灾最严重的地区在陕西省。由于水灾持续时间长，有 40 多县成灾格外严重。据统计：淹没面积约百万亩，受灾人口 45.8 万，财产损失约 66.4 万元（银元）（赵春明等，2002）。其中西安城南终南山一带，洪水"溺毙居民不下万人，自峪口至高桥，路长七十里，所有沿河禾苗，冲没约千余顷……情形之惨，目不忍见"。及渭北地区为重灾区。在渭北"径阳之清峪、治峪沿河一带，尽成泽国"；"径阳之桥底镇，发现流尸千余具"。西安城南和渭北地区成为这次重灾区。据统计灾民达 4768030 人，死伤无数。当时的《申报》就报道"陕西素称亢旱之区，竟演变成如此奇灾"。[①]

四　多灾齐发加剧灾荒冲击

在水旱严重的 1899—1901 年，陕甘许多地方同时又遭受冰雹、霜冻等灾害，进一步加剧灾荒程度。

1899 年，陕西 17 州县普降黑霜，秋禾大多冻萎，甘肃也有 11 州县受霜。葭州"自夏徂秋亢阳日久……复于七月下旬蓦经严霜，秋禾冻萎。经该县勘验，收成三、四分不等，实已成灾"；咸宁县"自夏徂秋雨泽愆期，东南各乡及近城二三十里一带地多高原，亢旱尤甚。当谷穗未成之

---

① 《申报》1933 年 8 月 18 日。

际，又被虫伤，并九月上旬连被黑霜，各色秋禾均极歉收"；长安县"自夏徂秋天气亢旱，南乡高原一带及西南乡各卫地秋禾多未及时播种，间有种植之地，先被旱伤，继被虫蚀，终被霜侵"。由于气象的变化以天灾为外在表现，往往各种灾害呈现极大的相关性。比如1928年，在经历旱灾的同时，陕西23县受雹严重，甘肃也有12州县受雹灾。1931—1935年，包括陕甘等14省在内的水、旱、霜、雹、虫灾交替暴发。1930—1931年，陕西和甘肃各都有十余县受霜灾。本年陕西因旱荒而致"蝗蝻群起"，"不数日间，禾苗被啮净尽"[①]，自夏至秋，蝗灾蔓延，达50余县。据报"飞则遮天蔽日，落地则偏陌盈吁"，行人无隙着足。1944年陕南发现飞蝗为害，"遮天蔽日而来……大块的庄稼立即被吃掉"。[②] 1945—1947年，陕甘又迎来近代最后一次大规模的旱、水、雹灾并发灾害期。其间，旱灾遍布陕西全省和甘肃全省。受灾多达十多个县，损失极为惨重。

近代陕西水旱灾害和冰雹、霜冻、蝗虫等灾害重叠发生，对农业和社会经济造成致命性打击，很大程度上加剧灾荒对环境的冲击和破坏。

第二节　灾荒对农业环境的影响和冲击

近代陕西仍以小农经济为主，受生产技术条件限制，农业生产严重依赖土地、气候、自然等环境因素。由于特大水旱灾害频发，加上冰雹、霜冻、蝗灾等多灾种侵害，使大部分农作物减产或绝产，大量农田被冲毁，生产工具遭到破坏，牲畜大量死亡，大片土地废弃；物价飞涨；流民四处迁徙；农业生产环境、社会民生环境和自然生态环境遭到极大破坏。

一　灾荒对农业生产环境的破坏

干旱灾害对农业生产环境的影响主要是对农作物的破坏。农作物是进行农业生产的基本条件，是农民赖以生存的主要物质基础和来源。由于农业是弱质产业，农作物本身存在易损性特征，关中和陕北地处干旱少雨地理环境，如果常年受旱灾威胁，农作物轻则导致禾苗枯萎，收成歉薄；重则赤地千里，颗粒无收。1877年，"秦中自去年立夏节后，数月不雨，秋

---

① 《大公报》1931年6月3日。
② 《新华日报》1944年7月13日。

苗颗粒无收，至今岁五月，为收割夏粮之期，又仅十成之一，至六七月，又旱，赤野千里，几不知禾稼为何物矣"。① 1900 年，陕北、关中"入夏以来，雨泽愈期，春收仅止一、二分，三、四分不等，并有全无收获者"。②

陕西水涝灾害的频率、破坏程度是仅次于旱灾的第二大自然灾害，因为气候干燥，降水稀少，陕西所暴发的洪水灾害中以暴雨型水灾最多。陕南山岭地带及关中平原和陕北黄土沟壑地区都是水涝灾害的频发地区。因西北地形陡峭，地表黄土裸露率高，植被覆盖率低，所以，一降暴雨就泥沙俱下，引起局部地区水灾。水灾对环境带来的影响则是水毁房屋、庄稼，河流泛滥，农田变为积水区。如 1889 年陕西水灾严重，关中、陕南 45 州县被大水冲塌民房，淹死人口不计其数，田亩毁于水灾更是严重。

冰雹、霜冻以及风沙灾害尽管在规模和范围上较旱灾和水灾小，但在局部地区的爆发频率极高。因西北地势复杂、山岭多，冷热气流极易对流形成冰雹，尤其在气候冷热急剧变化的山岭地区，冰雹爆发频繁。西北主要冰雹源地与高大山脉、地势高地形复杂地区相对应。冰雹常伴随大风、暴雨同时发生，"雹打一条线"，冰雹范围虽仅几公里或几十公里，但对农作物破坏极大。霜冻的持续发生也是由于西北特殊的气候特征——山区、高原地带气温变化大、温差大、无霜期短造成，这样的气候造成的自然灾害对农业环境破坏很大。1928—1933 年最为严重，其次是在 1899—1900 年、1940—1942 年、1947 年这几年较为严重。近代陕西霜雪冻灾害对农业造成严重危害主要体现在农用畜力和农具上。1929 年"冬春之交，陕西大雪六次，积厚三尺许，气候极寒，百年未见，尤以西区各县为最甚"。大荔、华阴、咸阳、礼泉等县大雪积 2—3 尺，积雪 60 余日，大多树木被冻死，骡、马、牛、驴等家畜冻死不可胜计，时人称之"千古之巨灾"。1928—1930 年陕西大旱灾后，陕西凤翔境内农具损失 35%，耕畜减少 70% 以上（汪熙等，1988）；1934 年，据陕西省建设厅在 37 个县的调查统计，马、牛、驴三大耕畜共减少 36.5 万头。当时农用动力的缺失加剧了灾民自救的难度，只得"以人代畜"进行农耕生产。1930 年大旱灾后，武功、兴平、扶风、大荔、周至、三原、咸阳、礼泉、临潼等地的

---

① 《申报》1877 年 10 月 3 日。

② 陕西省气象局气象台：《陕西省自然灾害史料》，陕西人民出版社 1976 年版。

许多农庄，都用人力代替耕畜。有资料记载："灾后许多孑遗，家中变卖一空，无力购置耕牛，耕田时只得以人代牛。其办法是两人扛一长椽，中间系一条绳，下面拖着犁、前面的人拉后面的人推，两人行路很慢，数步一歇，汗如雨下。"（李文海，2004）

表4—4　　　　　　　　1941年陕西部分县遭受水灾损失

县　名	受灾面积（亩）	灾民（人）	房屋财产损失（元）
澄城	344017	86523	863425
蒲城	116653	6086（户）	1531489
白水	12915	39950	93640
朝邑	1920	25361	315767
大荔	1800	8877	19711350
韩城	273471	71970	5417308
周至		72782	3520000
户县		58500	50000
潼关		1071	2274788
宁强		35684	2879674
凤县	516	30684	357390
城固		43276	7427996

资料来源：《1941年各县水灾配赈表》（陕西省档案馆藏件）。

严重灾荒的直接后果就是大量土地遭到废弃。大面积土地撂荒成为农业生产环境受到冲击的最直接体现。1928—1932年大旱之年，陕西19县每县被弃不耕之田地，平均占总耕地面积的70%。渭河两岸素为灌溉便利、物产丰富之区，自1927年灾荒之后，直至1933年，尚有16万亩无人耕种之荒地（桑润生，1986）。关中平原"自凤翔至兴平为极荒凉之地带……两旁赤地遍野……沿途所经村镇，人烟均极稀少，房屋坍破不堪；兴平至西安……房屋坍倒者，尚未建筑"（何庆云，1933）。1933年，有名的关中产麦之区，种麦的田数不过十之一二；而被灾最重之乾县、武功等处，几乎全荒。近代陕西土地大面积的撂荒与兵匪战乱有着密切的关联，但灾荒所起到的作用绝不能低估。由于受旱涝、霜冻、冰雹的交替袭击，导致作物没有收成，使得陕甘发生大范围饥荒。因此灾荒冲击下，近代陕西农业生产环境极具荒凉。

表 4 – 5　　　　　　　1931 年陕西省 22 县灾后耕地抛荒情况

县名	灾后荒芜耕地占总面积（%）	县名	灾后荒芜耕地面积占总面积（%）
武功	80	榆林	100
兴平	50	紫阳	100
扶风	80	永寿	100
岐山	50	澄城	70
大荔	75	礼泉	90
周至	95	韩城	65
三原	40	临潼	40
陇县	100	蓝田	100
咸阳	30	华县	80
合阳	50	白水	50
凤翔	40	乾县	80

资料来源：陕西实业考察团：《陕西实业考察》，陇海铁路管理局 1933 年版。

二　灾荒对社会民生环境的迫害

社会民生环境是在农业环境的基础上，包括人们安居乐业的一切因素。主要包括粮食供给、劳作安居、医药卫生环境等。近代陕西在封建主义多重压迫之下，农民生活拮据；每大灾之后，物价飞涨，流民暴增，瘟疫肆虐，食人成风，生存环境之恶可想而知。

图 4 – 1　农民在大旱之年啃食树皮

每逢灾荒，由于粮食长时间减产或绝产，导致粮价陡涨，粮荒变得严重而四处蔓延。1846 年陕西大旱，径阳"斗麦易钱四千有奇"。1929 年陕西特大旱，在三原、渔关，每石小麦由平日的 10 元暴涨到 40 元；定边、合阳等县，每石小麦竟卖到 60 元（李德民等，1994）。在粮荒与高价粮冲击下，灾民轻者吃不饱，重者靠吃草根、树皮、观音土来苟延残喘，甚至饿死。1877 年大旱，渭南县饥民"剥榆皮而吃之，人多黄瘦死"。1929 年特大旱，关中西部饥民在吃光树皮草根以后，吃一种称为"观音土"的石粉，由于石粉分量过重，无数饥民吃后导致肠坠而死。

图 4-2　大旱灾下逃荒的饥民

在灾荒迫害，生存压力之下，农民只得四处讨饭得以生存，因此农村劳动力大量流失，而流民暴增。1877 年，陕西特大旱，"流民络绎于途"（蒋友搏，1930）。1929 年，陕西特大旱，饥民死亡约 250 余万，逃往外省者约 40 余万，背井离乡者更多（见表 4-6）。据调查，这次大灾荒"离村人口当在 200 万左右，占全省人口六分之一。由于旱荒中众多人口的死亡和外迁，使陕西人口，尤其是农村人口大量减少"（邓云特，1980）。劳动力的减少和流民的激增对以小农经济为主的陕西农村灾后开展生产自救，无疑是雪上加霜。

表 4-6　　　　　　1929 年 11 月陕西重灾县人口变动统计

县别	原有人口（人）	死亡人口（人）	外逃（人）	灾民（人）
长安	43386	52512	47357	205531
武功	129097	70241		58856
凤翔	203485	96714	10948	84819
蒲城	190141		56234（29%）	
乾县	169498	30494	27893	100332
兴平	176685	30628		130249
岐山	173942	32891	37500	104974
眉县	90746	31020	5021	47843

资料来源：张岂之等：《陕西通史》（8），陕西师范大学出版社 1997 年版。

由于救灾条件极差，大灾之后常有大疫发生。疫病的流行使流民数量激增，而流民的无序流动加大了疫病的传播，使死亡人口数量激增。近代陕西疫病主要包括瘟疫、鼠疫、霍乱三种。1929 年，陕西关中、榆林及汉中区北部等广大地区在经过持续数年的旱灾之后，暴发了被称为"春瘟疫"的大瘟疫，传染所及达 57 县。"当此春发之际，熏蒸尤奇臭气味，最足致疫，而枵腹之灾民，难胜病魔之缠绕，是以死者日众"（夏明方，2000）。1931 年陕北横山、安定等 7 县鼠疫流行，到 1932 年据不完全统计，三年鼠疫死亡人数近两万人（见表 4－7）；1932 年河北、山东、河南等地发生霍乱，当年霍乱由河南传入潼关，后扩至陕北、陕南及关中各县。这次疫情延续 4 个月，波及陕 32 个县，发病 254857 人，病死 102243人，病死率高达 40%（见表 4－8）。疫情严重的关中地区，"十室九空，路断人稀，群众皆谈'虎'色变"。瘟疫的流行一方面使灾荒区域扩大，另一方面使受灾人口死亡数量激增，生存环境相当恶劣。

表 4－7   1930—1932 年陕北鼠疫流行及危害情况

时间	县　　别	发病人数	死亡人数
1930	横山、米脂、子洲、佳县、吴旗、子长、靖边、安塞	3419	3107
1931	横山、米脂、子洲、绥德、定边、清涧、吴旗、榆林、靖边、安塞、吴堡	9649	8732
1932	横山、子洲、佳县、绥德、子长、府谷、榆林	1523	1446

资料来源：以上资料根据《陕西省预防医学简史》部分数据整理。

食人现象在陕西近代史料中随处可寻。灵泉村福山上的《记荒文》碑就有关于光绪三年（1877）灾荒的记录，读起来令人毛骨悚然。碑文写到此次灾荒"为三百年未有奇灾"；"鸡犬牲口尽被人食。甚至人有死者，辄行抬取。即生，亦诱至僻处，分食其肉。甚至有母食其子者"。（合阳网，2008）又有"三原县一妇女，携带 3 岁的儿子逃荒，夜宿一村民家中。第二天发现儿子不见了，四处寻找，寻到厨房，闻到了肉味，打开蒸笼盖，发现儿子坐于笼中，已经蒸烂多时，目不忍睹"。（席会芬等，2000）饥荒严重之时，食人现象随处可见。可见，灾荒对生存环境的迫害力度之深，严重摧残和扭曲了人类的道德廉耻。

表 4 - 8　　　　　1932 年陕西部分县市因霍乱发病与死亡人数统计

县名	发病人数	死亡人数	县名	发病人数	死亡人数
蒲城	22778	10534	朝邑	5356	3722
渭南（县）	26000	10000	大荔	17358	4607
富平	42291	14097	华县	9318	6422
华阴	35000	13000	西安市	1311	937
蓝田	15000	5700	户县	5600	3856
凤翔	9806	6740	绥德	690	450
乾县	8725	5625	澄城	2314	1305
眉县	2717	1189	洛川	100	63
陇县	7202	4913	旬阳	175	115

三　灾荒对自然生态环境的影响

生态环境是自然环境的主要组成部分，主要包括水土资源和森林植被等因素，与农业生产环境和社会民生环境关系密切。自然灾害的频繁发生会进一步恶化原来的生态环境。如旱灾发生后，作物枯死、庄稼绝产、土地大面积撂荒。史料中类似"赤地千里"的记载屡见不鲜。1920 年陕西大旱，"潼关以东，则亢旱尤甚。大路上尘土盈尺，田野一片赤土"。大旱不但导致土地干涸，还使土壤水分亦流失殆尽。大路上随处可见盈尺尘土，极易诱发沙尘灾害。频发的水灾对环境的影响，表现为毁坏耕地、打破原有的河流水系。河流泛滥使农田被毁或变成低产。在陕北黄土高原地区，灾荒对生态环境影响最突出的就是导致水土流失、沙尘天气频发。1929 年夏，斯诺来到黄土高原看到严重的灾荒时曾写道："饥饿所逼，森林砍光，树皮食尽，童山濯濯，土地荒芜。雨季一到，水土流失，河水暴涨；冬天来了，寒风刮起黄土，到处飞扬。有些城镇的沙丘高过城墙，很快沦为废墟。"（史沫特莱，1985）

灾荒的区域扩大和程度加深，使脆弱的农村和农民基本丧失了抗灾和减灾能力。灾民在饥荒压迫之下饥不择食，在大自然寻找一切能充饥的替代食品。掘剥草根树皮充饥成为当时陕西地区一种常见的生存手段。"饥馑迭乘，民食缺乏剥食树皮树根，树多枯死，且地处偏僻，保护不周，民多私自斫伐树木，充作薪柴之用，以致山地每有雨水，土壤肥料多被冲散"（董兆祥等，1998）。这样的直接后果就是使植被遭到严重破坏。"潼关以西，除临潼及华县附近之树，尚能维持旧观外，余皆横被摧残，不成景象……沿途大树之皮，皆被灾民剥去果腹"（刘文海，1990）。

图4-3 饥民在砍食树皮

图4-4 旱情严重时树皮被剥光的情景

可见灾民求生欲望在得到小小满足之下，对自然资源采取毫无顾忌地索取手段，不自觉地破坏了生态环境，加剧了生态环境恶化，同时又加大下场灾荒发生时所带来的损害。

第三节 战乱和社会脆弱加剧灾荒环境迁延

一 战乱加剧灾荒环境的危害程度

战乱与灾荒是一对难兄难弟。在近代西北灾荒频仍的时期里，同时战乱不断，经历同治朝长达十四年的回民起义后，1895年发生河湟事变；民国时期西北军阀混战；包括1926年西安围城之役；1928年的马仲英事变；1928—1930年蒋介石与北方军阀之战也波及西北地区；1930年甘肃军阀战争；礼县、天水、武山三城之役。这些战争或发生于西北，或波及西北。战争往往也是一种严重影响农业社会的灾害，因而时人称之为"兵燹"、"兵灾"或"兵祸"。战乱的发生，大大削弱了农业社会抵御灾荒的基础，进一步加剧了灾荒发展的程度。在战乱频仍的民国时期，西北地区的人民大都穷得无以为生，几乎没有抵抗灾荒的能力，一旦遭受自然灾害的袭击，真是"一遇旱灾便赤地千里；一遇洪水便尽成泽国，庄稼颗粒无收"。以西北水力措施为例，西北地处欧亚大陆，历史上多旱灾，历史时期关中、河套、河湟以及河西地区的灌溉农业都得到较大发展，成为西北的粮仓。但民国以后，中央及西北各省地方军队长期相互混战，使陕甘地区的农田水利设施遭到了极大破坏，成为诱发西北旱、蝗灾害的重要原因。此外"陕西1929年旱灾，至重至大，全省九十一县，而报灾者已七十五，现仍络绎不绝。夏秋颗粒无收，种麦又复失时，兵燹之后，继此凶荒，赤地千里，青草毫无，弃家逃荒，所在皆是，呼号成群，流离载道，劫粮夺食，时有所闻"（袁林，1994）。可见旱荒的发生也是导致战乱的重要因素。

战争使西北地区农业生态环境遭到严重破坏。首要表现就是对森林的毁坏。西北回民起义之后，陕甘两省成为清军与起义军交战的重要战场，战争中两省的树木山林被砍伐殆尽，大部分地区"萌蘖无存"，"求一拱把之木不可得"；从而造成千里赤地、一望童山、风沙扑面，生态环境遭到严重破坏。民国军阀混战中，为修筑各种工事，滥砍滥伐，导致森林面积减少。民国以来，西北各省森林面积在土地总面积中的比例大大下降：陕西由25%下降到16%；甘肃由34.5%下降到6.0%；宁夏由17.7%下降到4.0%；青海由6.9%下降到2.0%；新疆由7.27%下降到5.0%（汪大燮，1983）。种植"左公柳"是当年左宗棠西征时开发经营西北的一项重大举措。但是由于长期砍伐，民国时期已"数里或十余里不见一树，莫识驿路之所之。西安至窑店，则已砍伐无余株矣"（谢彬，1924）。陕南沟渠众多，历史上沟渠两旁和河滩地遍布森林、竹林，既涵养了水源，又保证整修堰渠所需的木材，使水利设施比较完善地保存到近代。然而由于军队大量砍伐竹木，汉中许多沟渠出现了断流的情况，使农田不能得到正常的灌溉，直接影响农业产量。森林面积减少，又导致水土流失严重，对西北本已脆弱的生态环境造成更大破坏（温艳，2006）。而在抗战时期，陕甘宁边区政府虽然颁布了一系列的政策、法令来保护森林，但是收效甚微。因为当时处于抗战困难时期，大面积的毁林开荒，加之烧炭等，还是使边区大面积的森林遭到毁灭性的破坏，造成边区农业环境恶化，以致水、旱、冰雹等自然灾害频繁发生。此外，对陕甘宁边区政府在抗战时期大量开垦可耕地取得的历史积极作用给予充分肯定的同时，对忽视生态环境、缺乏生态意识，造成毁林开荒、恶化环境的历史教训同样也值得去反思。

西北地区灾荒频仍，缺乏有效的救荒措施，使得自然灾害加大对社会经济和农业环境的破坏。而战争是造成灾荒频发的重要原因，加上战乱对森林资源的过度消耗，使西北地区的生态环境遭到严重破坏，进一步加重了灾荒的程度。

二 社会脆弱加剧灾荒环境的蔓延

一般来说，自然灾害发生往往具有不可抗拒性，但是不同的区域、不同的人对于灾害的反应是不同的。落后地区比发达地区更具脆弱性，农村往往比城市更具脆弱性。西北地区是农业经济占主体的地区。据民国时期官方公布，陕西农民户数占总户数的 73%，宁夏占 71.3%，甘肃占73.7%，新疆占 76.2%（冯和法，1935）。农村经济对自然灾害的变化更具敏感性、更具脆弱性，在一般情况下，百姓经济条件越好，家中储存的钱粮越多，抵御灾害风险的能力越强，社会脆弱性就越低。相反越是贫穷，储存钱粮越少，抵抗和战胜自然灾害的能力就越弱，社会脆弱性就越强，自然灾害就可能演变成灾荒，而且灾荒程度就越严重。

近代军事战争接连不断，导致各种附加税和杂税更是"多如牛毛"。据 1934 年的统计，陕西田赋附加种数为 9 种，新疆为 5 种，甘肃为 13 种（邹枋，1934）。除此之外，农民还遭受着高利贷的盘剥。因为缺乏必要的生活资料，还要完成各种赋税杂捐，很多农民只有借高利贷。从现有的资料来看，西北地区农民所受的高利贷剥削在全国是最重的。西北地区除青海外，其他各省粮食借贷月利均高于全国平均水平，陕西甚至高出全国一倍以上；现金贷款，西北地区利率多在 30% 以上，远远高于全国平均利率（章有义，1957）。在正常年月，西北地区的农民过着节衣缩食的生活，尚且负债累累，缺乏抵御灾荒的物力与能力，一遇灾害，如果没有及时有效的救灾体制，他们只有活活饿死或流落他乡。

近代西北地区鸦片种植从陕西到新疆，从宁夏到青海，凡是有水的地方和比较肥沃的土壤，无不种上鸦片。其中陕西、甘肃最为严重（温艳，2010）。鸦片的大量种植首先使粮田面积减少，粮食产量降低，粮价上涨，加重人们的负担。粮食的减少，降低了人民抵御自然灾害的能力。粮食作物种植面积和粮食产量的减少，相应引起粮价上涨，对缺乏购买力的农民来说无异于雪上加霜。吸食鸦片，使劳动者的身心遭到极大摧残，难以从事农业生产，大大降低了人们预防、抵御灾荒的能力。1931 年 1 月《陕灾月刊》记载："在关中西部的眉县，水田肥地皆种烟苗，农民大多吸食鸦片，致使粮食异常缺乏，而农民体力又弱，一遇旱灾，即束手待毙。村落为墟，田地荒芜。"所以，西北一旦有大的水旱灾害发生，立刻会出现"饿殍遍野，死亡枕藉"的惨象。

近代民国时期的西北地区农村贫困、落后，百姓对灾害缺乏抵御能力，而繁重的赋税、鸦片的种植则加重了这种脆弱性，使西北地区百姓在自然灾害面前无能为力，导致一有自然灾害发生就转变成严重的灾荒，从而对社会稳定环境造成严重威胁，在灾荒战乱的大环境之中，农民会铤而走险，近代关中的"抢米运动"就充分说明了这一点。

第四节　充分认识灾荒对农业环境变迁的影响

近代西北地区灾荒发生区域之广、频率之繁、危害之重为历代之罕见，对环境变迁起到了推波助澜的作用。灾荒频发不但使生态环境更加脆弱，更对社会民生环境带来严重迫害和打击。近代陕西灾荒的主要特征呈现遇灾必荒，由于灾区无粮可赈，使得农民四处流徙；物价飞涨，人民无法生存；在瘟疫肆虐下，人口大量死亡，食人现象出现。严重的灾荒摧毁了灾民赖以生存的物质基础，在高利贷剥削和种植鸦片的脆弱社会环境压迫下所导致的抢粮、匪患、民变等运动层出不穷，从而进一步激化了社会矛盾，造成社会动荡，农民不再具有稳定的社会环境和生产条件，自给自足的社会民生环境遭到严重破坏。因此没有稳定的社会生活环境和农业生产环境，近代西北社会经济和农业的持续发展根本无法谈起。

近代时期农民在农业生产上对自然依赖的程度依然很高，因此很容易受到天灾的影响。灾荒发生后，直接后果就是大量农田荒芜或者被冲毁，灾区土壤肥力下降，耕地沙化或者盐碱化情形严重，粮食产量必然下降，因此灾区农业再生产，农业经济复苏也变得尤其困难。灾荒导致耕畜农具散失，使灾民灾后重建变得困难重重，以致农业生产在灾后甚至有停滞之势。水旱冰冻灾害和瘟疫本身会造成农户耕畜的重大损失，洪水直接会将牲畜冲走或者淹毙；旱荒发生直接导致牲畜因缺乏饲料而饿死，残存的也难逃被变卖或者宰杀充饥的命运。灾荒发生后粮食减产，农业歉收，饥馑随之而至，它所带来的人口大量死亡和大规模流离实际上是对农村劳动力的最直接摧残，结果必然导致农村人口大量减少和流失，大量土地被荒芜和撂荒。加之水利措施多年失修，加上兵匪时常滋扰，灾荒的发生沉重打击了脆弱的农村生产环境。

除灾荒因素外，战乱等社会因素也是导致灾荒迁延、环境恶化的重要原因。近代陕西地区由于战争不断，导致森林大面积减少，森林所具有的涵养水源、平衡生态的重要作用被极大降低，导致水土流失严重，对陕西地区本已脆弱的生态环境造成更大破坏。

总之，清中叶后人地关系紧张，土地过度开垦，西北地区生态环境恶化的趋势没有扭转。在灾荒频发的情况下，人民承灾能力极低；加之晚清和民国政府贪腐无能，根本形不成有效预防和治理灾害的社会对策以及救荒机制，加剧了灾荒对农业生产和社会民生环境的冲击和破坏。因此，不管是历史的哪个阶段，自然灾害的破坏程度与社会的整合程度、国家的控制能力都有直接的关系，灾荒暴发的原因中除自然因素外，人的因素不可忽视，"穷究灾荒形成之最后原因，或促发严重灾荒之基本因素，则知驾于自然条件之上，尚有最根本之人为社会条件存焉！"（邓云特，1998）；同样灾害爆发过程中和之后，人为、社会因素对灾害成灾荒影响程度表现得更为重要。其影响程度在很大程度上取决于国家和社会的救灾机制。"一定的天灾人祸是饥荒形成的首要和主导性的因素，风调雨顺、社会安定，饥荒则无从产生，但是有了天灾人祸，不一定必然形成饥荒，这就要看相应地区的社会组织程度，以及以此为主要基础的抵御天灾人祸的能力和事后救济能力，社会组织程度高，对天灾人祸的抵御能力和事后救援能力强，则许多天灾人祸尽管可以为害相应地区的人们，但却未必导致饥荒"（袁林，1994）。1840—1949 年的近代中国，各种原因导致国家控制能力严重下降，对灾害的救助和赈济方面更是力不从心，这无疑加大了灾害为荒的程度，尤其是对农业环境破坏达到无以修复的程度。

综合以上分析，近代陕西农业环境变迁深深地打上了灾荒的烙印。

第五章 现代西北地区农业生产环境问题研究

历史时期西北地区农业有过良好的发展环境，由于受自然、气候、地理、灾害、人文和社会等因素的影响，新中国成立以来尤其是改革开放以来，现代农业的可持续发展面临严峻的环境问题。例如，农业生态环境的脆弱性问题，农业灾害环境的胁迫问题等。随着人口增加和农业用水的紧缺问题等，粮食生产成为人们一直关心的问题。但是从西北地区来看，粮食需求却面临土地资源和水资源日益亏缺的形势，城市化、工业化和公路铁路设施的快速发展，农用土地数量急剧减少，土地负荷量越来越大，现有农业土地获得高产的可能性变得很困难，农业资源短缺面临短缺问题；人为不良活动加剧自然条件的恶化，侵蚀、荒漠化盐碱化和酸化等自然因素和人为因素结合起来使得土地破坏、植被退化，草场沙化更趋严重。在土地资源不足的同时，水资源缺乏也很严重，地上、地下水资源消耗严重而补充困难，农用灌溉难度加大，进一步发展灌溉农业有极大困难，灌溉土地面积将会有减少的趋势；随着气候干旱化趋势加大，旱灾发生频率加大，对农业生产形成的威胁加剧；由此引发的粮食安全问题将会日益突出。总之上述环境问题对农业的持续发展带来严重威胁。因此，农业环境与自然生态环境、社会环境和经济环境联系密切。研究西北地区农业发展面临的问题要从以下三方面入手，分别是农业生态环境、农业灾害环境、农业资源环境。

第一节 农业生态环境恶化增强

一 农业生态环境恶化加重

西北地区居欧亚大陆腹地，气候干燥、荒漠广布、植被稀疏、生态环境极为脆弱。加之，人类对其不合理的开发和利用，造成生态环境的急剧恶化。虽然近年来通过生态环境建设，在部分地区取得了巨大的成绩，生态环境有所改善，但在整体上西北地区的生态环境仍有不断恶化的趋势（程国栋，2000；肖艳娥，2000）。因此，农业发展面临，土地荒漠化面积不断扩大、水土流失日趋严重、水资源持续短缺、天然植被遭到深度破坏不利环境。

（一）荒漠化问题严重

西北地区荒漠化问题由来已久，历史时期西北地区荒漠化现象就非常严重，从考古和历史文献记载来看，是在第四纪地质时期形成的。荒漠化不外乎两种成因，自然因素和人为因素。荒漠化主要是以风蚀和水蚀还有盐渍三种。新疆和青海多以风蚀劣地为主。风蚀荒漠化还有风积半流动沙丘，新疆和宁夏青海多有分布，此外新疆塔里木盆地边缘绿洲附近，由于植被和樵柴被破坏，由固定沙丘变为半流动沙丘。类似还有准噶尔盆地和河西走廊绿洲区域（朱振达，1996）。风蚀裸地造成荒漠化的主要是在干旱和半干旱的草原牧区。由于过度放牧和牲畜践踏，造成土地退化，表现为植被覆盖率降低、植物群落结构退化、草地衰败、出现裸斑，在风力作用下极容易形成荒漠化。

荒漠化是造成西北干旱半干旱区域土地退化的主要原因。目前，土地荒漠化不仅是西北地区，也是全国乃至全球的一个严重生态问题，据估计全球约有 9 亿人口受到荒漠化的影响，100 多个国家和地区受到它的危害，全球 1/4 的陆地面积受到荒漠化的威胁，每年所造成的经济损失约为423 亿美元，而且荒漠化面积在不断的增长中，从 1954 年的 3.475×10^9公顷增加到 1991 年的 3.592×10^9 公顷，增加 3.4%。我国的土地沙漠化问题也非常严重，按《国际荒漠化公约》规定的指标，我国可能发生荒漠化的地理范围的总面积为 331.7 万公顷，主要分布在我国的西部和北部地区。而实际发生荒漠化的面积已达 262.2 万公顷，占国土面积的27.3%。据有关数字表明，目前我国荒漠化已涉及全国 18 个省、400 个县，影响 4 亿人，每年因荒漠化造成的经济损失达 540 亿元，相当于当时西北五省区三年财政收入的总和。更为严重的是沙漠化速度的加快：20世纪 50 年代初至 70 年代中期，我国荒漠化土地面积年均扩大 15.6 万公顷，年均增长率为 1.01%；70 年代中期到 80 年代中期，年均扩大面积21.0万公顷，年均增长率为 1.47%；而 90 年代以来我国荒漠化土地面积以每年 24.6 万公顷的速度扩展。据有关资料显示，目前在西北各河流中下游地区，沙漠化面积已达 40%—94%，严重的地方年递增速度已达 6.9%。西北地区耕地沙漠化面积已扩展至 260 万平方公里，占西部沙化面积的95%。西北五省区中除陕西受荒漠化的威胁较小，其他省份荒漠化问题比较严重。宁夏全区土地沙化面积 1.26 万公顷，占全区土地面积的24.3%；甘肃荒漠化最严重的地方是河西走廊，荒漠化面积目前已达到总土地面积的 56%，随之而来的盐渍化面积已近 1000 公顷，占耕地面积的16.8%。新疆境内的问题也很严重。例如塔里木河流域因来水减少和长期的扩垦，土地也快速荒漠化和沙化，号称世界规模最大的古胡杨林几十年间死亡近半。新疆境内多湖泊和湿地，但现在也有近半萎缩或干涸，湖区周边因地下水位下降，近 60% 的荒漠植被衰败死亡，入湖各河流域荒漠化扩展速度大大加快。艾比湖入湖各河系周边荒漠化速度已高达每年 38平方公里，近 50 年来近 60% 的荒漠林衰亡。新疆土地沙漠化面积有 9.61万公顷、风沙化面积 2.26 公顷，沙漠化面积仍以每年 400 公顷的速度扩大。青海的沙漠化面积已达 1252 万公顷，潜在沙漠化土地面积 98 万公顷，且沙漠化面积仍以每年 13 万公顷的速度扩展；青海省荒漠化严重区域主要集中在"三江源"区域。据有关统计，"三江源"地区沙化面积已达到 253 万公顷，且每年仍以 5200 公顷的速度在扩大，荒漠化速度由 20世纪 80 年代的 3.9% 增至现在的 20%。目前，荒漠化面积的扩大不仅严重威胁着当地居民的生存和发展，也威胁着人类文明的发展。据考察，西北地区历史上有文字记载的古楼兰、尼雅、卡拉屯米兰、锁阳、居延（黑城）等 20 多座名城是被流沙吞没的，而目前仍有许多地区饱受"沙进人退"的威胁。甘肃民勤县的沙丘以每年 3—4 米的速度向县城推进，最多的地方可达 8—10 米，该县的中渠乡因为沙化和盐碱化，全乡 6660 多公顷耕地有 5300 多公顷撂荒，1.4 万人最近 5 年走了 3000 多人。同样由于沙漠化的影响，新疆塔克拉玛干沙漠的皮山、民丰两县曾两次搬家，策勒县城搬家三次。

　　我国受荒漠化危害的铁路有 1367 公里，占荒漠化地区铁路总长的42%，其中危害严重地段长达 1082.5 公里；受荒漠化危害的公路 3 万公里，荒漠化严重地制约了当地的经济发展。由于荒漠化土地的扩展、植被的人为破坏和退化，西北地区特大沙尘暴发生的次数迅速增加，50 年代平均 5 次、60 年代 8 次、70 年代 13 次、80 年代 14 次、90 年代 23 次。2000 年西北及华北地区沙尘暴更是频发，达到了创纪录的 14 次。近 5 年来，西北地区遭受沙尘暴袭击 20 多次，造成直接经济损失 12 亿多元，死亡失踪人数超过 200 人。由于西北地区地处我国的江河源区及其上游地区、西北季风的发源地或上风口，对我国其他地区的生态环境有着极大的跨区域性影响。

（二）水土流失面积加大

我国是世界上水土流失最严重的国家之一。据 1990 年遥感普查结果，我国水土流失面积 367 万公顷，占国土面积的 38.2%，其中水力侵蚀面积 179 万公顷，风力侵蚀面积 188 万公顷，全国各省市都不同程度地存在着水土流失。据测算，每年流失的土壤至少在 50 亿吨以上。近年来因水土流失减少耕地 266.7 万公顷，造成经济损失每年约 100 亿元。水土流失以黄土高原地区最为严重，该区总面积约 63 万公顷，水土流失面积已达 45 万平方公里，其中严重流失面积约 28 万平方公里，侵蚀模数高达 2—3 吨/公顷，每年通过黄河三门峡向下游输送的泥沙量达 16 亿吨。黄河每年流失土壤相当于 33.33 万公顷耕地 30 厘米厚耕层土壤，流失土壤的氮、磷、钾养分相当于 1989 年全国化肥用量的 177%。

水土流失的概念、形式与特征。水土流失是指由水、重力和风等外力引起的地表土壤及其母质发生的侵蚀、土壤侵蚀速度大于土壤形成速度，在这种情况下发生的水土流失属于人为侵蚀或者加速侵蚀。西北地区水土流失面积已超过 33 万平方公里，主要集中于黄土高原区，包括陕北、宁南、陇东和陇中。20 世纪 90 年代，青海、甘肃两省水土流失大约扩大了 25 万平方公里。水土流失给山区各项建设和人们的生产、生活带来极大的灾难。这种灾害对人类的破坏是多方面的。它除了直接危害人类生命健康，破坏房屋、道路和各种工程设施以及设备、物资等各种财产，造成严重的直接经济损失外，还破坏农业、工业、交通运输业等生产活动，造成严重损失。此外，水土流失还破坏水资源和水环境，破坏土地资源与土地环境，破坏森林资源与生态环境，破坏矿产资源、旅游资源，破坏人居环境与社会环境等，对人类生存和发展造成深远的影响。

陕西、青海两省是西北地区水土流失最严重的区域，陕西省现有水土流失面积占国土面积的五成以上，年输入黄河、长江的泥沙量高达 9.2 亿吨，占全国江河输沙总量的 1/5。青海省每年新增的水土流失面积就达 2100 平方公里，每年输入黄河的泥沙量 8814 万吨，输入长江的泥沙量 1232 万吨，长江的源头地区成为长江全流域水土流失最严重的地区。

水土流失一方面造成肥沃的表土流失，使土层变薄、土壤肥力降低。据有关专家测算，每年流失8吨表土的坡耕地，每公顷就损失全氮12—22.5吨、全磷22.5公斤、全钾300公斤。长期水土流失还使黄土高原沟壑加深拉长、密度增大，地表支离破碎，加剧水土流失，使土地丧失利用价值。另外，水土流失导致下游河床和湖泊、水库淤塞，使河流行洪不畅，湖泊水库淤废，失去其蓄水调洪等重要功能。据调查，晋陕蒙接壤区库容大于50万公顷的46座水库的总库容已被淤积37.3%，进入青海龙羊峡水库库区的总泥沙量每年有3130万立方米，仅此一项每年造成的损失就有近4700万元。

（三）水资源短缺

西北地区属于水资源极度短缺地区，加之地理环境特殊，气候干旱以及历史时期人类的不合理开发和利用，总体处于缺水状态。

西北地区水资源包括两部分，分别是地表水资源和地下水资源。土地面积约占全国总土地面积的24%，水资源总量仅为全国的9%，按土地面积平均每平方公里产水不到5万立方米，低于全国平均值的1/4。可以说水资源总体贫乏，地多水少，水土资源分布不平衡（见表5-1），除新疆和青海水资源较丰富之外，宁夏甘肃陕西三省区均低于全国人均水平。该地区水资源量少且年内分配不均，大部分降水集中在夏秋两季，占总量的60%—70%，降水和农田需水时间不同步，农作物需水时缺水严重，造成农业减产。地域分布也极不均衡，总的趋势是新疆西部和北部较为丰富，南部和东部极为贫乏；而青海柴达木盆地与甘肃河西走廊地区则相反，由东向西递减；地表径流最为贫乏地区则在甘肃和新疆的交界处。水资源除农用之外，至今仍有少数地区的人畜饮水问题未得到彻底解决。

表5-1　　　2011年西北地区与全国水资源总量与人均统计

省份	国土面积（平方公里）	水资源总量（亿立方米）	人均（立方米）
新疆	166.5	1131.1	5125.5
甘肃	40.4	215.2	841.7
青海	71.7	741.1	13225.0
陕西	20.6	507.5	1360.3
宁夏	5.2	9.3	148.2
全国	960	23256.7	2310.4

资料来源：《中国统计年鉴》（2012），中国统计出版社2012年版。

西北地区属于水资源极度短缺地区（国土面积占约全国的1/3，水资源总量仅为全国的9%），加之气候干旱和人类的不合理利用，导致水资源量的进一步减少。新疆在20世纪50年代湖泊面积约970公顷，1975年末锐减为47公顷，罗布泊、玛纳斯湖、台特马湖等相继干涸。塔里木河下游年均来水量由20世纪80年代的11亿立方米缩减到90年代的2.89亿立方米，河道缩短200公里以上，大面积耕地因缺水弃耕沙化。青海湖因气候干旱及周围5.33万公顷农田用水导致入湖水量减少，1986年比1956年水位下降了3.35米，近年来湖水水位平均每年降低10.57厘米，青海湖鸟岛已与陆地相连。祁连山区有大小冰川2859条，但冰川雪线不断退缩。导致发源于祁连山的内陆河出山径流量由解放初期的78.55亿立方米减少到现在的65.84亿立方米，减少16.2%。在陕西，黑河与石头河的流水主要输送到西安，以保障西安的经济与社会发展需要。但由于森林面积减少，河川径流也相应减少。据统计，黑河出山口处的黑峪口在50年代年降雨量为885.3毫米，70年代为745.8毫米；石头河流域的太白县50年代降雨量为883.7毫米，70年代为733.5毫米。以降雨补给为主的黑河与石头河径流量也随之下降，黑河年均径流量50年代为7.48亿立方米，70年代为5.04亿立方米；石头河年均径流量50年代为4.66亿立方米，70年代为3.56亿立方米。再如，甘肃民勤县的水主要来源于石羊河，由于祁连山的森林后退，水资源供给的水平也接连下降。50年代石羊河进入民勤绿洲的年平均水量为5.47亿立方米，80年代减少到2.29亿立方米，1996年、1998年、1999年分别为1.4亿立方米、0.93亿立方米和0.63亿立方米。同时，由于经济的发展，20世纪50年代以来西北地区淡水污染非常严重，该区废水排放量80年代为22亿吨，1990年为32.6亿吨，1997年又增长到36亿吨。污染使该区本已短缺的水资源情况进一步恶化。

水资源的进一步短缺不仅造成当地经济发展的损失，也威胁着人口及牲畜饮水（表5-1）。与此同时，农村居民对水的依赖越来越转向地下水，井也因而越打越深。如甘肃民勤县70年代井深30—40米，80年代中后期达80—100米，目前全县井深达300米以上的已有100多眼。而对地下水的过度开采利用导致地下漏斗的形成。

（四）天然植被退化

西北地区植被是维持西北陆地生态环境的重要部分，具有防风固沙、涵养水源、防止水土流失、调节小气候、净化空气等生态功能。全球气候变暖及不合理的人类活动，致使西北地区植被出现退化趋势。植被退化也给西北地区的生态环境带来了巨大的影响，如荒漠化加剧和沙尘暴发生概率的增加。天然植被的退化主要表现为森林覆盖率的持续降低和草场的退化。西北五省区本身的森林覆盖率就相对较低，加之多年来轻视天然林的保护，人工造林的成活率低，以及树木病虫害侵袭，致使该区的森林覆盖率不断降低。新疆准噶尔盆地的灌木林从 1958 年的 750 万公顷减少到 1982 年的 237.3 万公顷，减少 68%；塔里木地区的胡杨林面积由 1958 年的 52.86 万公顷减少到 80 年代末的 8.6 万公顷，减少 84%；在整个 80 年代中，新疆全区平原荒漠林与河谷次生林地面积从 21.89 万公顷减少到 16.83 万公顷，减少 23%。西北地区重要的秦岭林区由于在 50 年代至 60 年代遭到几次较大的破坏，与 50 年代初期相比，森林面积减少 1/3，针叶树种由 40% 下降为 17%，优质大径级木材减少 1/3。森林资源的减少，使其蓄水功能减弱，生态失调，降雨量下降，致使黑河与石头河的径流量也随之减少。根据卫星遥感获取的信息，目前全国可利用草原以每年 2% 的速度加速退化，全国荒漠化地区的退化草地已达 105 万公顷，占草地总面积的 56.6%。西北五省区均存在草原退化，草场质量下降，草原虫、鼠害严重的共同问题。青海全省 1/5 以上草场发生中度以上退化，其中 333 万公顷草场已变成植被消失、土地裸露的"黑土滩"；全省每年被鼠类啃食的鲜草达 44 亿公斤，相当于 480 万只羊的食草量；单位面积产草量同 50 年代相比，不同区域的草场分别下降了 30%—80%。新疆草场严重退化面积和虫、鼠害面积已达 2133 万公顷，占可有效利用草场面积 4800 万公顷的 44%；全区天然产草总量下降了 30%—50%；伊犁地区草场面积比解放初期减少了 53 万公顷。宁夏中部干旱草原区有 90% 以上的草场退化，草原沙化面积近 1.6 万公顷。

现有研究表明：西北地区的植被覆盖在 20 世纪 80 年代存在波动，1981 年和 1984 年覆盖度最大，1992—1995 年植被覆盖较 80 年代后期和 90 年代初期明显好转，但是 1996 年—2001 年在新疆东部、甘肃西北部、内蒙古西部覆盖度出现明显减少。因此研究期内的 1981—1995 年植被覆盖总体是向改善的趋势发展的，但是 1996—2001 年有退化现象（张钛仁、张佳华等，2010）。植被是区域生态环境优劣的标志，西北地区天然植被的破坏加剧其他生态条件的恶化。如森林植被的破坏使得蓄水量减少，导致径流量的减少，并加剧了水土流失；而草场退化导致产草量少，进而植被稀疏，覆盖度不断降低，风蚀粗化或出现风蚀坑，出现片状流沙，最终产生土地荒漠化。同时由于西北地区生态系统结构简单、稳定性差、天然植被的破坏导致生物多样性锐减。

（五）水污染严重

随着西北地区的经济发展，农业生产过程中，水污染问题严重。据现有资料，西北地区渭河流域水污染比较严重，西北内陆河流水污染也比较严重，由于地理环境限制，内陆河流域水质已属于 V 类或劣于 V 类，不能满足农业发展需求。

农业环境污染造成的生态环境破坏仍然较为严重。众所周知，西北地区是一高耗能的原料工业基地，地方工业和乡镇企业布局不合理、设备简陋、技术落后，一些地区"三废"污染比较严重。直接或间接影响着西北地区的农业可持续发展。据测算，甘肃、新疆、宁夏等省区的二氧化硫和氮氧化合物的排放量普遍比 90 年代初上升 38%—80%；黄河兰州段、黑河、渭河等水环境质量趋于恶化。近几年来，西北各类工业"三废"排放量大量增加，农药、化肥、地膜的无节制使用，土壤污染十分严重，超过了土壤的有限自净能力。土壤的污染造成对农作物的危害，生产出不安全的食品进而危害人体健康。西北地区土壤污染以工业"三废"造成的危害最为严重。以陕西省为例，由于三废仍有"二次废渣"排放，大多数被排入江河（或直接倒入或因山洪或因水土流失冲入江河）。甘肃省白银市是国家重点的有色金属生产基地，其重金属污染在全国非常突出，造成土壤中重金属或非重金属的污染十分严重，铜（Cu）、锌（Zn）、铅（Pb）、钙（Ca）、汞（Hg）、氟（F）、砷（As）等都远远超过了正常范围，最高者超过正常允许值的几十倍。特别是对人体危害严重的镉（Cd）的土壤含量比世界视为重大疑难病症——"骨痛病"的发源地日本富士山县神通川流域的镉的浓度还要高。白银冶炼厂日排放大量的废渣、废气，使当地63%的农田受到污染。另据甘肃的环保部门调查，位于黄河甘肃段沿岸的工业企业，其中，排汞的企业有 10 家，排汞废水严重超标，厂区附近的农田土壤中的含汞量，表层平均含量达 0.2 毫克/公斤，超过土壤底值含量的 3 倍还多。新疆每年约有 2 亿立方米废水进入农业灌溉系统，污染面积已超过 30 万亩。陕西每年污水灌溉的用水量已达 2 亿多吨，关中平原农田受到的污染比较严重。三废对农作物、森林、草地的危害十分严重，最严重者可导致农作物等枯死。这几年陕、甘两省的酸雨污染呈上升趋势。据初步估计，陕西安康地区每年由于"三废"直接经济损失 90 多万元。位于西北重要工业城市兰州下风区的甘肃临夏地区，也不同程度地出现过几次酸雨。随着农业生产的发展，农药、化肥的使用量在不断增加，似处于无节制状态。在西北的许多地方，由于农药的乱施乱用，致使土壤、水源等受到比较严重的污染，影响到农作物的生产和食品的质量，从而使畜产品也不同程度地遭到污染。例如，陕西省每年因农药乱施而造成重污染粮食达 25.5 亿公斤，新疆巴音布鲁克的一些草场也因过量施农药造成严重污染。

西北地区的农业水土环境污染主要为工业废水。改革开放以来，随着工农业生产和社会经济的迅速发展，各种用水剧增，污水的排放也随之大量增加，加之在全区 36.2 万个工业企业中，60%—70% 处于落后状态。首先，资源利用率低，致使排污量无论是绝对量还是万元产值量，或者是单位产品量均高于全国水平，更远高于发达国家水平。其次，化肥农药的不当或过量使用，先进入土壤，造成土壤有毒、板结，再遇降雨径流，随水土流失进入河渠湖库，部分进入地下水循环，危害农业水环境。

大气污染也是造成农业水土环境污染的一个重要因素。近年来一些经济发展较快的大中城市如西安、兰州、西宁、乌鲁木齐、石嘴山、喀什等空气污染状况严重，虽经一定程度的治理，污染状况有所好转，但前景依然不容乐观。同时，河流、湖泊及城市地下水污染状况也呈总体上升趋势，兰州、石嘴山等城市的大量工业废水未经处理即直接排入黄河，造成黄河污染日益严重，曾使宁夏平原部分地区在 1999 年春季头水灌溉时禾苗全部中毒枯死。而且由于西北地区工业设备落后，单位产值的污染强度高（见表 5 - 2），随着经济的发展，环境污染问题将日益严峻。

表 5 - 2　　　　　　　　1995 年西北五省区人、牲畜缺水率

	陕西	甘肃	青海	宁夏	新疆	全国
人口缺水率（%）	11.7	12.4	6.6	6.5	15.6	6.1
牲畜缺水率（%）	9.2	19.0	5.2	4.8	24.3	6.0

资料来源：《中国可持续发展战略报告（1999）》，科学出版社 1999 年版。

总之，西北地区各大河流均有不同程度的污染，总体呈恶化趋势。污染又以靠近人口、工业相对密集的地区为甚。而其所邻水系多数灌溉农业

发达，如陕西省宝鸡峡灌区、宁夏的引扬黄灌区、甘肃河西地区石羊河流域的武威、民勤、金川、昌宁灌区等。随着这些水系的污染，更加剧了水资源不足和农业用水之间的矛盾。为缓解用水矛盾，有些地方不得不采用污染的河水灌溉，尤其在枯水季节。污染水灌溉不仅破坏土壤结构，造成土壤有毒有害物质增加，还导致农作物产量、质量下降，甚至绝收。如用污水灌溉过的水稻，稻米呈灰色、无光泽，并有一种特殊的异味。污水灌溉和化肥农药的过量使用造成土壤污染还导致农作物有一定的残毒，通过食物链进入人体，危害人体健康。根据陕西省技术监督局对陕西几个城市蔬菜质量的采样调查，71%的蔬菜受到铅污染，12%的蔬菜受到铬和镉污染，铅污染最高超标8倍，铬污染最高超标5.2倍，蔬菜重金属污染的一个重要原因就是污水灌溉。地表水的污染还通过河渠渗进而影响地下水，这种情况有从城市向农村蔓延的趋势，从而使农业水环境形势严峻。

由于生态环境的恶化，使自然灾害的频率加大，农牧业生产遭受破坏。严重的水土流失一方面造成土壤肥力和水土流失区的农业生产力下降，使农民生活陷于贫困；另一方面也加剧了山洪、滑坡和泥石流等自然灾害的发生，给工矿、交通、水利设施和人民生命财产造成巨大损失。据统计，新疆各类自然灾害造成的直接经济损失在1991年是8.65亿元，到1998年时已增至59.18亿元。

二 农业生态环境总体脆弱

农业生态环境是农业生产的基础条件和保障，随着经济迅猛发展，农村城市化工业化导致耕地面积锐减，为了满足农产品需求和产出持续增加，农用化学品用量不断增加，农业生态环境遭到破坏。对农业生态环境质量进行评价，客观、深入地认识和了解农业生态环境的变化，对建立良好的农业生态环境，实现可持续发展具有重要的作用。

根据赵跃龙（1998）对脆弱生态环境评价研究建立的指标体系来看，并给各指标赋权重后，可根据如下公式求得生态环境脆弱度（G）（P_i 为各指标初值化之值；W_i 为各指标权重）（见表 5 – 3）。

$$G = 1 - \sum_{i=1}^{n} P_i \cdot W_i / (\max \sum_{i=1}^{n} P_i \cdot W_i + \min \sum_{i=1}^{n} P_i \cdot W_i)$$

其按脆弱度大小将26个省区划分为4类，即脆弱度 G 大于0.65的为极强度脆弱区；G 大于0.50而小于0.65的为强度脆弱区；G 大于0.40而小于0.50的为中度脆弱区；G 小于0.40的为轻度脆弱区（见表 5 – 3）。

表5－3　　　　　　　　　1995年西北地区环境污染指标

项目	陕西	甘肃	青海	宁夏	新疆	全国
工业固体废物生产污染强度（万吨/亿元）	5.22	5.42	4.38	7.16	2.57	3.58
废水排放总量污染强度（万吨/亿元）	214.52	181.96	198.65	240.91	170.40	207.22
废气排放量污染强度（立方米/元）	7.87	10.62	10.67	19.56	10.27	6.86

资料来源：李晓林：《西部大开发科技方略纵横》，中国农业出版社2000年版。

从表5－3可见西北五省生态环境都处于极度脆弱区域，其中宁夏位于全国之首。生态环境脆弱的表现因区域不同特征也有所区别。如黄土高原水土流失是关键因素；西北部干旱区、半干旱区缺水严重；西北部分地区则是土地盐碱化。归纳起来，生态环境脆弱特征主要有：沙化、石砾化、盐碱化、水土流失、肥力下降、旱化、石质化、植被退化、土地适宜性降低、灾害频度及强度增加等。

三　农业生态环境脆弱因素分析

以荒漠化为例，土地荒漠化是自然因素与人为因素共同作用的结果，主要是在自然背景下，由于人类不合理利用资源而加剧，但不同区域引发荒漠化的因素，即自然与人为因素作用的程度是不同的。在干旱荒漠地区，自然过程处于荒漠化过程，在宏观上、总体上自然因素是经常起作用的主导因素，人类不合理利用起了促进或诱发作用。

自然因素荒漠化的存在或形成都与气候因素有着不可分割的联系。荒漠意味着极端的干旱、荒凉、植被稀少或寸草不生的不毛之地。荒漠是干旱的结果。因此，干旱的气候条件是荒漠化形成的最基本条件和基础。据地质学研究，第三纪晚期（距今约3000万年开始的）青藏高原持续隆起，造成当时西北地区处于干旱环境。促进土地荒漠化的发展。到末次盛冰期（距今1.4万—2万年），进一步导致了内陆地区的干旱化，奠定了我国现代沙漠沙地的基本轮廓。在半干旱、干旱地区的土地荒漠化过程中，人为因素往往起到十分重要的作用。尤其是西北内陆地区的天然绿洲，人为因素往往起着主要作用。藏北高原人烟稀少，人为因素贡献率稍低于自然因素贡献率。半干旱草原区域人为因素的贡献率远远大于自然因素的贡献率。

人为因素对农业生态环境的破坏主要表现在对资源的滥垦、滥牧、滥樵采、滥开矿和不合理利用上。20世纪七八十年代中国科学院兰州沙漠研究所曾就各种滥用资源对土地荒漠化的影响作了调查分析，虽然调查时间已过了二三十年，但对分析土地荒漠化的人为因素还有参考价值，至少仍可起到历史的借鉴作用。他们认为：滥牧、滥樵采（包含滥伐）、滥垦的贡献率达到 89.9%。滥牧主要发生在草原区，过牧超载达 1/3 至 1 倍，如内蒙古草原 1985 年的理论载畜量为 4215 万只羊，而实际载畜量为 5600 万只羊。伊金霍洛旗草场的实际载畜量远高于理论载畜量。据西北主要牧区内蒙古、新疆、青海、甘肃、宁夏 5 省区调查统计，1949 年畜均占有草地 7.9 公顷，到 1999 年下降到 1.1 公顷，草地生产力下降 25.9%—33%，而且普遍形成牧业生产"夏壮秋肥冬瘦春死亡"的恶性循环。在内蒙古，自 20 世纪 50 年代后期以来，累计开垦草地 240.3 万公顷，已造成 130 万公顷土地沙化，占开垦面积的 54.1%。盲目开垦，广种薄收，不仅破坏了土地资源，加速了土地荒漠化的进程，而且还形成"越穷越垦，越垦越穷"的恶性循环局面。

水资源利用不合理造成土地荒漠化问题，主要发生在干旱地区。由于河流上中游盲目引水开荒，大水漫灌，造成河流下游地区缺水、断流，致使天然绿洲产生荒漠化与沙化，新疆的塔里木河流域，甘肃的石羊河流域与流经青、甘、内蒙古 3 省（区）的黑河流域等都是例证。如塔里木河由于过量引水，造成大西海子水库以下断流 300 多公里，胡杨林面积由 5.4 万公顷减少到 1.6 万公顷，绿色走廊全部处于沙漠包围之中，流沙面积比 1958 年增加 48%。

分析人类活动对地表水资源的影响可以看出人类在采用修建水库、拦坝引水、发展灌溉、跨流域调水、坡地改梯田等工程措施和在地面上植树种草等生物措施，以及改进耕作技术时，均会对地表径流产生较大影响。西北地区新中国成立以来人口不断增加，经济不断发展，人类对环境的改造活动频繁，尤其是大面积的垦荒、大规模兴建水利和水土保持工程，以及植树种草等，对地表径流情势已经产生较大影响。值得一提的是，占土地荒漠化贡献率第一位的滥樵采（包括滥伐在内），普遍发生在能源短缺的农牧交错区与干旱区。这些地区提供的薪柴仅占实际薪柴需求量的 14.2%，供需缺口巨大。燃料的缺乏，不仅导致大量破坏天然草场、固定沙地和天然绿洲，而且是造成燃料、饲料、肥料三料矛盾的主要原因。因此在燃料短缺地区首先要解决好农牧民燃料的问题，扭转"三料"矛盾。滥采主要指：搂发菜、挖药材，破坏沙生植被。内蒙古仅 1993—1996 年就有 190 万人进入草原搂发菜，造成 1266.7 万公顷草原遭破坏，400 多万公顷草原沙化。由于生产方针的失误，促使了滥用资源的发生和土地荒漠化的加剧。在内蒙古自治区，20 世纪五六十年代曾提出"牧民不吃亏心粮"的口号，导致了农耕地的大量增长，以及不适当的大面积开垦草原建立粮食生产基地的做法，都造成了大面积的草原破坏、草场退化和土地沙化。草原地区长期以来的生产方针总是重牲畜头数的增长，轻牲畜质量与牧业效益的提高。以锡林郭勒盟为例，1949 年牲畜总头数为 146 万头（只），1996 年达到 1066 万头（只），凡是牲畜头数无限制增长的地区，草原退化一般都达 60%，荒漠草原地区达 100%，全部退化。由此可见，牲畜无限度增长是造成草原地区草原退化、土地荒漠化、沙化的主要原因。在新疆，农业上长期以来执行以开荒扩大面积为主的生产方针，发展等于开荒。耕地从 20 世纪 50 年代的 125.3 万公顷发展到目前的 400 万公顷，增长 3 倍以上。在引水开发过程中，缺乏上、中、下游的统一兼顾，只顾生产用水，不考虑生态用水，致使下游地区河流断流、湖泊干涸、地下水位下降，胡杨林等天然植被枯萎衰败，土地荒漠化、沙漠化加剧，同时也威胁着绿洲的安全。在下游极端缺水的情况下，上中游不少地区却大水漫灌，加重了土壤盐渍化。

土壤是重要的蓄水层，每米土层至少可蓄水 100 毫米以上。如果土壤流失殆尽，则地表就会完全丧失蓄水能力。自然植被与农业也会失去存在条件。人类在发展的过程中，必然大量开垦农田和道路、房屋等用地，其结果也就毁灭这些用地上的自然植被。因此，人类的发展过程中，不但用水量急剧上升，而且破坏了水资源的形成机制，强化了干旱化进程。人类促使干旱化的另一个重要作用就是荒漠化。在中国北方地区，历史时期所形成的荒漠化土地已有 12 万平方公里。近 50 年来，每年因荒漠化而丧失的土地为 1000 平方公里，有荒漠化潜在危险的土地约 12.8 万平方公里。荒漠化使土地丧失植被和土壤，水分无法保存与利用，又促使了干旱化的进一步发展。在历史上荒漠化最有名的例子是印度西北部塔尔沙漠的演变史。据考古发现，在公元前，这里不是沙漠，而是肥沃的农田。在公元前 2500 年，这里空气湿润、水分充足，有发达的农业，并成为世界四大文明古国之一。以后，这里逐渐干旱化，到公元 1000 年才形成今天规模的塔尔沙漠。现在沙漠面积达到 47 万平方公里。沙区已成不毛之地，沙漠以每年 0.5 公里的速度向外扩展。塔尔沙漠上空夏季是含水量充足的西南季风，携带印度雨季降水的水分。但由于塔尔沙漠上空无法形成上升气流，使雨水不能在该地降落。据研究，形成这一现象的原因是在历史上多雨期所发展的农业破坏了当地植被，以致在干旱化后，裸露的疏松的土地成为沙尘的源地。现在该地区上空每平方公里面积上，空气含尘量高达1.5 吨，比芝加哥上空含尘量还大几倍，以致白天阳光被遮或呈暗红色，夜间尘埃遮蔽了群星。空气中尘埃吸收太阳辐射：形成强大逆温，阻止上升气流的发展，破坏了这里的降水机制。其他各地荒漠化也都带来不良后果，破坏着人类生存的环境，加速干旱化进程。塔尔沙漠及各地的例子值得人们重视和借鉴。在荒漠化的成因中，人类活动是主要的，特别是过度农、牧和樵柴所造成的荒漠化土地占总面积的85%以上，因而更为重要。据朱震达等（1981）调查，中国过度农垦最典型的例子是内蒙古乌兰察布盟的后山地区。这里受水肥条件限制，产量不高。但由于人口增加很多，需要更多粮食和生活资料，人们盲目扩大种植面积，采取广种薄收的方式，达到总产量增加的目的。其结果破坏环境的规模扩大了，但产量却未提高。可以看出，单产随人口增加与开荒扩大而下降。农垦造成大面积土地地表结构破坏，在冬春休耕季节容易产生强烈风蚀。盲目农垦造成一个恶性的生态循环，即扩大耕地—增加风蚀—降低产量—再扩大耕地，如此循环，使土壤退化，造成更严重的干旱化。风蚀吹扬飘移的沙粒在风影处堆积，地表开始出现片状流沙或灌丛沙堆。过度放牧也是草场退化和沙漠化的重要原因。高营养的为牲畜喜爱的禾本科牧草首先受到损失。放牧压力不断增大，使得沙质草原植被日益低矮稀疏并被裸地所替换。土壤表层被牲畜踩踏破坏，这就给风蚀创造了条件。在牲畜集中的井泉附近开始形成沙漠化圈，从此开始沙漠扩大。樵柴仍是荒漠化过程的主要原因之一。据估计，5 口之家每日需木柴 10 公斤，一年要破坏 0.2—0.25 公顷沙丘的植被。因此，在居民点附近也会形成沙漠圈，并日益向外扩展。人类在干旱化后一个严重后果是水污染。水污染并不使水分丧失，而是水质下降，有水不能用。当前人为污染水源，恶化水质，日益严重。据全国1845 个城镇统计，1980 年排放的废污水量达 315 亿立方米，90%以上未经处理直接排入水域。由于受到污染，在所评价的河流长度中，有 66%的水质达不到饮用水的标准，11% 的水质不符合农业灌溉的要求。有 6%达到恶臭的严重程度（水利电力部水文局，1987）。污染严重的地区往往都是人口密集、经济发达而水资源不足的地区。如海河流域在 1980 年排放的废污水高达 36.8 亿立方米，而同年入海水量仅 11 亿立方米；1983 年入海水量只有 3 亿立方米。因此，大量的废污水基本上都再次利用而消耗在流域内。如此反复积累，使大量不易分解的污染物质日益富集，使流域内环境越发达到难以治理的严重程度。在边远地区也开始水质污染。因此，水污染问题已成为严重的问题，对干旱化也产生极为重要的影响。由此可见，人为因素在现代西北农业环境问题的产生中起到主要作用。

第二节 农业灾害环境危害严重

一 农业孕灾环境特征明显

西北地区，地域辽阔，地形复杂多样，有河谷平原、盆地、高原、山地等多样地貌类型，且地势相差悬殊，海拔由中国大陆最低点的吐鲁番盆地（–154 米）到世界第二高峰的昆仑山乔戈里峰（8611 米），相对高差 8765 米，生境系统十分复杂。境内有广大高寒的高原，终年积雪的高山，干燥炎热的盆地，类型多样的草原，茂密的山地森林，浩瀚的戈壁沙漠，众多的河流湖泊。在自然地理上，兼有我国的东部季风区，蒙新干燥区和青藏高寒区；在气候上，兼跨温带、暖温带和亚热带三个气候带以及干旱、半干旱、半湿润和湿润四个降水地区；在植被上，兼有蒙新干草原荒漠区，青藏高原寒漠草甸草原区和东部森林湿润区；在动物地理上，兼跨蒙新区、青藏区、华北区和华中区。是一个以温带、暖温带干旱气候和高寒山地高原为主的区域，同时有分布于陕南和陇南的秦巴山区的亚热带湿润区和分布于黄土高原的半湿润、半干旱气候区。复杂的生境决定了生物具有物种丰富、区系成分复杂、生物地理群落类型多样、地域差异十分明显、资源丰度低、生态环境脆弱等突出特点。中国西北地区地处青藏高原北部和东北部，远离海洋，是全球同纬度最干旱的地区之一，也是我国主要的干旱和半干旱区，分布着全国 85% 的干旱或半干旱土地面积（张强等，2000），除了一些山地和陕西省的中部、南部、甘肃东南部外，大部分地区年降水量仅有几十毫米。因此形成了干旱少雨的灾害环境。同时这里主要受西风带气候、高原季风和东亚季风气候影响，降水变率大、干旱频率高，是我国气候变化的敏感区和生态脆弱区（谢金南，2002）。西北干旱区的沙漠、戈壁以及裸露的下垫面对太阳加热响应迅速，使地面的蒸发力很强，加重了当地干旱化的程度，因此旱灾已经成为影响该地区经济和社会可持续发展的核心问题之一。西北地区农业生产受地理环境气候条件和植被生态等因素影响，农业生产处于不稳定的灾害环境之中。

二 农业自然灾害类型众多

农业自然灾害是指农业生产过程中所发生的导致农业显著减产或产品质量降低的不利自然条件的总称。农业生产的主要特征是以动、植物为基本劳动对象，以土地为基本生产资料，主要通过露天作业的方式获得各种农产品及经济收益，从而使自然再生产和经济再生产相结合的产物。上述特征决定了农业生产受气候等自然因素的影响特别明显，各种自然灾害对农业生产的影响极大。我国自然灾害主要有旱灾、涝灾、台风、风暴潮、雷暴、冰雹、雪暴、低温冻害、高温热浪、龙卷风、泥石流、荒漠化、盐渍化、水土流失，农业病虫害和鼠害等。我国农业灾害的类型几乎囊括上述类型。

西北地区自然灾害众多，但是由于地理和气象因素，西北地区农业自然灾害主要有旱灾、涝灾、冰雹、雪灾和霜冻、风灾、泥石流、荒漠化、盐渍化水土流失和农业病害等。总体来说可分三大类。分别是农业气象灾害（包含旱灾、涝灾、冰雹低温冻害和风灾）；农业地质灾害（泥石流、水土流失、荒漠化、盐渍化）；农业病虫害（虫灾、鼠灾）。

三 农业气象灾害发生频繁

（一）旱灾次数明显增加

在农业气象灾害中，对农业影响较大、范围较广的是旱灾。干旱灾害对农作物危害严重，不能及时供养作物生长所需水分，农作物不能正常生长，最终导致其枯萎、死亡。严重时造成粮食绝产。受全球气候变暖影响，西北地区气候出现暖干化趋势，自然因素使地表径流量有不同程度减少，多年来农业灌溉面积的减少，加上大量的水利工程退化和河流严重污染等人为因素影响，使西北农业干旱灾害不断加剧，并且发生次数越来越频繁。

西北地区降水稀少，地表蒸发量大，农业水分亏缺严重，干旱灾害频繁。为了更好地分析农业旱灾的趋势，根据统计资料进行 5 年滑动（见图5 - 1），年代变化（见表 5 - 5），可以看出，西北地区农业旱灾面积表现出波动式上升趋势，20 世纪 50 年代后期、60 年代前期、70 年代和 90 年代农业旱灾面积呈显著增加。

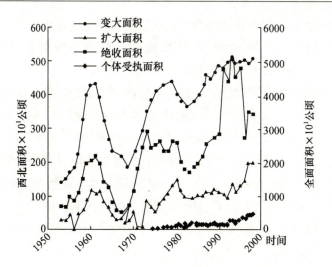

图 5 - 1 西北地区农业旱灾面积滑动曲线

资料来源：刘引鸽：《气象气候灾害与对策》，中国环境科学出版社 2005 年版。

表 5 - 4   全国 26 个省区生态环境脆弱度

极强	省　名	宁夏	西藏	青海	甘肃	贵州	山西	陕西	新疆
脆弱	脆弱度	0.8353	0.8329	0.8045	0.7821	0.7153	0.6927	0.6613	0.6537
强度	省　名	四川	河北	内蒙古	云南	河南	安徽	吉林	
脆弱	脆弱度	0.6285	0.6204	0.6186	0.5925	0.5893	0.5380	0.5248	
中度	省　名	湖北	广西	辽宁	黑龙江	江西			
脆弱	脆弱度	0.4766	0.4507	0.4400	0.4314	0.4137			
轻度	省　名	湖南	福建	山东	江苏	浙江	广东		
脆弱	脆弱度	0.3418	0.3123	0.2575	0.2072	0.2017	0.1647		

资料来源：赵跃龙、张玲娟：《脆弱生态环境定量评价方法的研究》，《地理科学》1998 年第 1 期。

表 5 - 5   农业旱灾面积年代变化（10^4 公顷）

年代	50	60	70	80	90	平均	递增率/10 年
受旱面积	109.26	87.93	262.07	213.99	278.15	112.47	79.3
成灾面积	44.97	53.11	99.40	103.79	153.84	71.63	31.5
绝收面积	—	—	4.26	15.71	39.60	23.72	13.1

资料来源：刘引鸽：《气象气候灾害与对策》，中国环境科学出版社 2005 年版。

西北地区农业旱灾面积与全国农业旱灾面积变化趋势一致。农业旱灾面积年代变化上以 20 世纪 90 年代最大，平均递增率分别为每十年 79.3×10^4 公顷和 31.5×10^4 公顷。

在空间变化上，根据统计，西北各省农业旱灾面积以东部的旱灾发生率最高，陕西、甘肃受灾和成灾面积分别占西北地区的 54.2%、47.9% 和 38.1%、30.6%，绝收面积分别占西北地区的 27.6% 和 4.1%，各省各年代变化不同，但都呈增加趋势，陕西、甘肃农业旱灾递增率最大分别为每十年 $14.11^4 \times 10^4$ 公顷和 21.641×10^4 公顷，成灾递增率分别为每十年 18.16×10^4 公顷和 9.97×10^4 公顷，其余三省较小在 8.35×10^4 公顷以下。这种农业旱灾变化趋势与西北地区气候暖干化、地表径流减少明显、河流干枯等因素有一定关系。

（二）暴雨灾害危害巨大

暴雨是一种灾害性很强的气候事件，对农业生产来说，主要是冲毁庄稼，造成庄稼歉收。严重时形成水涝灾害，对国民经济及人民生命财产造成巨大损失，因此暴雨因其突发性和毁灭性危害等特点而备受关注。西北地区的陕、甘、青、新等省份虽地处干旱、半干旱地区，但年平均量在 300 毫米左右（见图 5 - 2）。

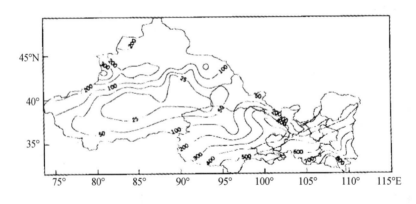

图 5 - 2　西北地区年平均降水量分布（单位：毫米）

资料来源：黄玉霞、李栋梁、王宝鉴、何金梅：《西壮地区近 40 年年降水异常的时空特征分析》，《高原气象》2004 年第 2 期。

气候环境复杂多变，降水年际变化大，季节分配不均匀。但由于雨量过于集中，也往往酿成暴雨洪水灾害。虽然其范围和强度与其他区域尤其南方各地相比较弱，因下垫面植被、土壤物理性质、防范意识等的差异，危害程度不亚于我国其他地区。所以，暴雨也是影响西北地区较大灾害之一。

暴雨在西北地区从春季到秋季均可发生，一次暴雨的日降水量往往超过当地月降水总量的气候值，而西北地区的黄土高原和青藏高原的边坡地带，土质疏松，水土流失极为严重，使西北地区成为我国地质灾害多发区之一，正因为如此，暴雨给西北地区带来的危害也是具有巨大的典型性和代表性。

现代以来，我国西北地区暴雨记载比历史时期更加系统和密集，每个地区都有数个暴雨观测地点。一般认为日降雨量达到 50 毫米的成为暴雨。其中一般性暴雨为日降水量 50 毫米—100 毫米，大暴雨为日降水量大于100 毫米。林纾等以西北地区 109 个观测点为基础，对西北地区近 44 年（1961—2004）暴雨的时间和空间分布做了细致研究，结合西北地区暴雨发生的总频次统计，认为暴雨总频数不足 4 次的站点主要分布在新疆、青海、甘肃的河西及甘南高原和陇中北部等地，占总站数（109 站）的35.2%；总频次在 22 次以上的地区，集中在陇东南和陕西大部分地区，占总站数的 31.4%；陇中、宁夏和陕北北部介于两者之间。暴雨最多的站点是陕南的石泉站，44 年里发生了 88 次；历年各地中日降水最大达203.3 毫米，出现在陕南的佛坪（2002 年 6 月 9 日）日降水大于 100 毫米的大暴雨占暴雨总站次的 6.5%，发生在陇东南、关中和陕南地区。

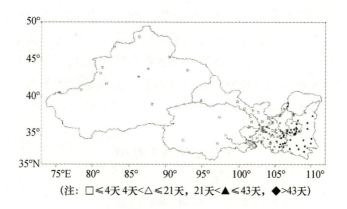

（注：□≤4天 4天<△≤21天，21天<▲≤43天，◆>43天）

图 5 - 3　西北地区 1961—2004 年暴雨总频次分布

资料来源：林纾、陆登荣、王毅荣、郭俊琴：《1960 年代以来西北地区暴雨气候变化特征》，《自然灾害学报》2008 年第 3 期。

西北地区 4—11 月均可发生暴雨。一年中发生暴雨站次最多的是 1981 年，共 74 站次，其次是 1970 年和 1973 年，有 69 站次；最少的是 1985 年，仅 19 站次，其次是 1994 年，为 20 站次，年暴雨发生站次最多年与最少年之差近 4 倍。西北地区暴雨出现在 4—11 月，各月站次差异悬殊（见表 5 – 6），6—9 月占全年的 93.1%，7—8 月占全年的 72.5%。可见西北地区暴雨主要发生在盛夏。初秋 9 月比初夏 6 月高出 4%，这可能与华西的秋雨有关。

表 5 – 6　　　　　　西北地区 4—11 月各月发生暴雨的情况

月份	4	5	6	7	8	9	10	11
百分比（%）	1.3	3.8	8.3	39.1	33.4	12.3	1.7	0.1

（三）冰雹灾害多发

冰雹是西北地区常见的农业气象灾害之一。仅甘肃一个省历史雹灾资料，就有这样的统计：1954—1977 年，每年平均受灾农田 134667 公顷，1973 年最多，为 260667 公顷，占总耕地的 7.3%。从 2004 年 5 月 15 日至 9 月 10 日的短短几个月时间里，甘肃省兰州市三县的大部分乡镇 6 次遭受到洪雹袭击（周嵬等，2005）。

西北降雹的空间分布与海拔高度、地形和下垫面性质等关系密切，具有明显的局地性和分散性，总的分布特征是高原和高山多，河谷、盆地、沙漠和平川少。西北地区年平均冰雹日数最高可达 22 天。其中，区域冰雹灾害比较明显，均为多冰雹区的曲麻莱和昭苏地区，分别为 19.6 天和 22 天，该多雹区是西藏高原中部的多冰雹区向东延伸的部分，是仅次于西藏高原多雹区的全国第二个多雹区。

表 5 – 7　　　　　　　　　西北地区冰雹区域统计

冰雹区域	年平均冰雹日
青藏高原东南部、甘南高原、祁连山东段	5—18 天
新疆天山和南疆西部山区及阿尔泰山、昆仑山等山区	1—11 天，
甘肃的河东、宁夏、陕西中北部	1—2 天
准噶尔盆地和塔里木盆地、柴达木盆地、甘肃的河西走廊、陕西的关中和陕南	1 天以下

西北降雹具有季节性强、雹日高度集中的特征。11 月至次年 2 月为无雹时段，冰雹一般出现在 4—9 月，少数地方 3 月也见初雹。西北大部分地区属于夏雹区，以 5—9 月雹日最多，冰雹年变化大致有两种类型（刘德祥等，2004）。多数地方为单峰型，6 月是雹日增长最快的月份，6 月份较之 5 月份呈 10 倍左右猛增，各地冰雹日数的高峰分别出现在 5、6、7 月，10 月是雹日数减少最快的月份，10 月以后冰雹很少出现，华家岭、曲麻莱、托托河属此类。但也有少量的双峰型，第一峰值出现在 5、6 月，第二峰值出现在 7、8、9 月，10 月是减少最快的月份，10 月以后冰雹很少出现，兰州、杂多、久治就属此类。新疆雹日分布则比较复杂，多达 5 种类型：春季类（2—5 月），多居于南疆南部和西部地区，如和田、莎车一带年平均雹日很少，在近 30 年中不足 0.2 天；春夏类（3—7 月），在伊犁河谷下游区，如察布查尔、伊宁等地；夏季类（6—8 月），一般出现在干旱区，如托克逊、康西瓦、托云等地；夏秋类（6—10 月），这种类型的地方较少，如阿尔泰山顶山；四季类，除 1 月和 12 月外，其他月份均可出现，多出现在南疆地区，如喀什、叶城。

（四）风灾与沙尘暴频发

我国气象观测业务中规定，瞬间风速达到或超过 17 米/秒（或目测估计风力达到或超过 8 级）的风，称为大风。某一日中有大风出现，称为大风日。大风除了在地表裸露的沙尘源地及其附近形成沙尘暴灾害以外，还能使土壤风蚀、沙化，对作物和树木产生机械性损害，破坏生态环境，危害农业生产。土壤风蚀在我国干旱、半干旱地区十分严重，近 50 年来因风蚀形成的沙漠化土地约 50000 平方公里。因此，深入研究环境相对恶劣的西北地区大风特征，揭示其区域分布特点、变化规律、形成机理及其全球变化背景下的发展情景，对于防灾减灾，合理利用气候资源，改善西北地区生态环境是很有价值的。

李耀辉等结合西北五省 27 个气象站，对 1960—2000 年逐月大风出现日数资料，对西北地区大风的空间、时间特征做了初步研究。其对西北大风天气划分较少区（年均大风日数小于 10 天）、较多区（年均大风日数 10—50 天）、多发区（年均大风日数 50—100 天）和频发区（年均大风日数大于 100 天）四个区域（见表 5-8）。西北地区大部分区城为大风较多区，占总站数的 61.4%，大风频发区分布最小；大风最频繁发生的地方在新疆西北部的阿拉山口，年平均大风日数超过 160 天，平均不到 3 天就有一次大风天气，大风日数最少的地方是陕西北部延安，平均每年发生大风天气的日数不到 1 天。西北地区近 40 年来大风呈减少趋势，其中新疆西北部、甘肃河西走廊西部和陕西东部等地区减少最为明显，大风增加的区域主要集中在新疆东北部到青海西部地区，从 20 世纪 60 年代到 80 年代中期以后增加了近 3 倍，达到 190 天。

表 5 - 8 西北地区大风日数分布情况

（占总台站数的百分率，括号内数字为台站数）

省份（台站数）	<10 天	10—50 天	50—100 天	>100 天
陕西（17）	64.7%	29.4%（5）	0.0（0）	5.9%（1）
甘肃（25）	28.0%	60.0%（15）	12.0%（3）	0.0（0）
宁夏（7）	0.0（0）	85.7%（6）	14.3%（1）	0.0（0）
青海（28）	3.6%（1）	57.1%（16）	32.1%（9）	7.1%（2）
新疆（39）	15.4%（6）	71.8%（28）	7.7%（3）	5.1%（2）

资料来源：李耀辉、张存杰、高学杰：《西北地区大风气候特征研究：近 40 年的时空特征》，见《新世纪气象科技创新与大气科学发展——中国气象学会 2003 年年会"气候系统与气候变化"分会论文集》2003 年。

西北地区四季的大风日数分布特征与年均分布基本相似，但是不同的区域各个季节平均大风日数占全年总日数的百分率是各不相同的。总体来讲，西北地区大风天气最多的季节是春季，以 5 月最多，其次是夏季，冬季，秋季大风最少。陕西、甘肃中南部夏季大风更多一些，青海东南部则夏季最少，冬季大风更多一些。夏季大风日数占年平均的比例较大，但分布不均匀，在陕西和甘肃中部、南部出现了大值中心，均在 50% 以上，说明这些地区大风主要出现在夏季，这可能是由于夏季这一地区受东亚夏季季风影响，局地暴雨、冰雹等强对流天气容易发生，从而造成局地的大风天气。另外值得注意的是，在青海南部和东南部，大风日数多分布在冬季和春季，夏季最少，这可能与冬季高原北支气流南移，高原冬季季风加强有关。

最近 40 年来西北地区沙尘暴、黑风暴灾害频繁。由于气候干燥，降雨稀少，我国西北地区具备强风、干旱和沙源，极易诱发沙尘暴、黑风暴等灾害。祁连山以北和天山以南的大部分地区沙尘暴年平均日数大于 10

天，是沙尘暴多发区，其中塔里木盆地及其周围地区、阿拉善和河西走廊是沙尘暴的高频区，沙尘暴年平均日数达 20 天以上，局部接近或超过 30 天，如新疆民丰 36 天、柯坪 31 天，甘肃民勤也接近 30 天。如每年 3—5 月新疆、河西走廊和阿拉善高原经常发生沙尘暴、黑风暴，在 1950—1993 年内共发生强沙暴 76 次，平均每年 1.76 次，而且影响范围和破坏程度不断扩大，进入 20 世纪 90 年代以来几乎所有强沙尘暴天气灾害范围都要超过 31 万平方公里。

（五）季节性特征明显

从上述农业气象灾害发生次数来看，西北地区的灾害具有明显的季节性特征。灾害的多发期分为两个阶段。第一个灾害多发期为农历的四、五月。该时期容易发生春旱和风灾以及霜灾。春旱多发生农历四、五月，此时西北地区降水稀少，太阳辐射增强，温度迅速上升，由于土壤的透气性强，水分迅速扩散，土壤极易干化，从而造成旱灾。沙尘暴天气发生多以春季和夏初为多（四至五月）。因此春夏之交，西北地区在大陆性气候多风，在靠近沙漠的地方已形成沙暴天气。除此春夏季节天气骤变，形成高温、燥热的风，对农作物危害严重。西北地区的霜灾大多发生在四、五月间。本来天气转暖，由于灾害性天气的侵袭，温度突然变低，易发霜灾。对农作物常造成严重的后果。第二个灾害多发期为六至九月。这一时期容易产生夏旱和伏旱、水涝灾害和冰雹灾害以及霜灾。夏旱多发生在六月上旬，这一时期降水量处于短缺期，而西北地区大部分农作物处于抽穗、扬花期，需水量非常大，极易形成旱灾。伏旱多发生在七、八月，由于这时期气候炎热、蒸发量大，但是降水稀少，对需水量正大的大秋作物来说，容易带来严重危害。水涝灾害多发生于夏秋季节的七至九三个月间。因为这三个月降水集中，或者年降水量的很大一部分和暴雨集中于这三个月。如陕西关中地区七月和九月降水最多，易发洪灾。西北地区冰雹灾害一般发生于四至十月。近 90% 的冰雹灾害发生在六至八月间。

从以上分析，西北地区农业生产面临诸多不利的因素：脆弱的生态环境，突出的大陆性气候，以及存在丰富的灾害种类。三者之中，干旱灾害对农业生产危害最为严重。因为其发生最为频繁、次数最多、季节性最为明显、影响范围最广，是西北地区的最主要的自然灾害。除此之外，水涝灾害、虫类灾害、霜冻灾害、风沙灾害、冰雹灾害对农业发展也构成了严重威胁。

四 农业地质灾害危害巨大

（一）泥石流灾害区域特征

西北地区的泥石流灾害主要分布在两个区域，一是黄土高原区域，二是甘肃陇南区域。黄土高原第四纪黄土分布广泛，黄土层厚而结构疏松，空隙度大，柱状节理发育，易被侵蚀剥离，形成滑坡、崩塌、泄流等各类重力地质现象（陈永宗等，1993）。由于黄土高原沟壑纵横、沟坡陡峻、植被稀疏、夏季暴雨集中且强度很大，为泥石流、滑坡、崩塌和地面沉陷等的形成提供充分条件，使黄土高原成为我国水土流失最严重、地质灾害最严重、生态环境最脆弱的地区（史正涛等，1994）。丁一汇（2002）认为黄土高原长期以来不合理的人类生产活动、工程建设和战争等也加剧了水土流失的发生和发展。泥流是泥石流的一个特殊类型，其以流体内固体物质中 <2 毫米的细颗粒占 98% 以上，粉沙以下粒级占 80% 以上，石块含量一般不超过固体物质总量的 2% 而区别于一般的泥石流（唐邦兴等，2000）。泥流同时也是土壤侵蚀的一种特殊形式，是水土流失发展到极为严重阶段的标志，黄土高原是世界上泥流分布最集中、最广泛、爆发最频繁、灾害最严重的地区。频繁的泥流活动，不仅淤埋冲毁水库塘坝、农田、灌渠，给黄河下游地区造成严重泥沙淤积，还危害城镇、工矿、交通等，造成人身伤亡和财产损失，对本已脆弱的黄土高原的生态环境也带来严重破坏，影响到区域退化生态环境恢复和可持续发展。

（二）泥石流灾害分布状况

黄土高原上的沟沟岔岔历史上都曾出现过黄土泥流，因此从广义上来讲，黄土高原就是一个大的泥流区。据调查，泥流主要集中分布在黄土高原腹地的四个区域：（1）晋西北地区，主要分布于北起偏关、南至河津及吕梁山西侧的黄河东岸地区，其中以黄河支流朱家川、岚漪河干流及其两岸支沟泥流最为活跃；（2）陕北地区，泥流主要分布于黄河以西的皇甫川、孤山川、窟野河、秃尾河、无定河、北洛河、延河及泾河支流东河流域，由于该区大部分属黄土丘陵沟壑区，地形起伏大，地表切割强烈，泥流灾害远较其他区域严重，有些河流在汛期甚至变成了"泥河"和"浆河"；（3）陇东地区，主要分布在渭河上游及其支流牛头河、葫芦河、秦祁河、韭河和泾河及其支流马莲河、茹河、洪河、蒲河等河流两岸的黄土丘陵沟壑区，其中以天水、环县和镇原等地最为严重；（4）陇西地区，主要分布在兰州附近的黄河两岸及黄河支流祖历河流域，其中以祖历河支流关川河下游西巩川河、东河泥流最为发育。此外，甘肃陇南地区也是泥石流灾害的重灾区（见表5－9）。2010年8月甘肃舟曲特大泥石流灾害就是发生在这一区域。由于舟曲山高沟深，山体裸露，水土流失严重，加上近年来农民在山上开垦梯田，严重砍伐森林，水保工作不力，受汶川大地震影响，地质松软，在大雨诱因下，酿成这次特大泥石流灾难。

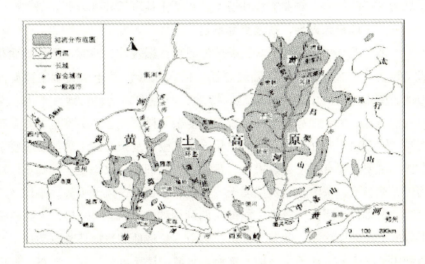

图5－4　黄土高原泥石流灾害分布

表5－9　　　　　　　　　　　　　　陇南泥石流重大灾害

年份	死亡人数（人）	毁坏房屋（间）	毁坏农田（km²）	经济损失（万元）
1959	244	2310	31677	200
1963	十余	200	23	
1964	数十	1000	27	
1976	61	1000	400	1000
1977	18	5300	333	200
1981	209	78000	667	20000
1982	44	1000	67	360
1984	174	55000	6667	15930
1987	19	800	1213	600

资料来源：甘肃水旱灾害编委会编：《甘肃水旱灾害》，黄河水利出版社1996年版。

第三节 农业资源环境矛盾突出

资源是区域农业发展之根本，资源数量多寡在很大程度上决定了区域发展的可持续能力。农业资源环境主要包括土地资源和水资源。

一 土地资源富余，耕地资源不足

土地，尤其耕地是区域农业发展的载体。据统计，西北地区土地面积309.69万平方公里，占全国陆地总面积的32.2%。其土地类型主要有高山地、中山地、低山地、丘陵地、塬地、河谷沟谷地、台地、平地、戈壁、沙地等。由于地势崎岖、地貌类型复杂多样，使土地类型呈垂直分布现象。同时由于西北地域辽阔，地貌、气候极其复杂，使土壤类型也复杂多样。主要类型有褐土、黑褐土、黄绵土、栗钙土、水稻土、灰褐土、灰钙土、棕钙土、灰漠土、灰棕漠土、盐土、草甸土、风沙土等。土地及土壤类型虽多但是因沃土较少，能被人们利用的土地只占49.44%，而超过半数的土地，如沙漠、戈壁、冰川、雪山及盐碱地等目前还难以利用。土地利用类型主要有耕地，林地，草地，水域，居民点、工矿、道路、河渠用地以及难利用土地六大类（见表5-10）（孙成权等，2001）。

表 5-10　　　　西北五省区土地利用分类概况　　单位：10⁶ 亿公顷

省　份		陕西	甘肃	宁夏	青海	新疆	总计
土地总面积		20.64	45.44	5.18	72.12	166.31	309.69
耕地	面积	5.52	5.87	1.32	0.57	3.15	16.43
	%	26.74	12.91	25.58	0.79	1.90	5.31
林地	面积	9.63	4.00	0.33	3.03	3.24	20.23
	%	46.66	8.80	6.30	4.21	1.95	6.50
草地	面积	3.08	16.06	2.55	36.37	50.40	108.46
	%	14.90	35.34	49.29	50.43	30.30	35.02
水域	面积	0.39	0.46	0.15	1.58	0.84	3.42
	%	1.90	1.01	2.90	2.20	0.51	1.12
居民点、工矿、道路、河渠用地	面积	0.78	1.04	0.16	0.10	2.46	4.54
	%	3.80	2.28	3.15	0.14	1.48	1.49

续表

省　份		陕西	甘肃	宁夏	青海	新疆	总计
难以利用土地	面积	1.24	18.02	0.66	30.46	106.21	156.59
	%	6.00	39.66	12.79	42.23	63.86	50.56

资料来源：孙成权等：《中国西壮地区资源环境问题研究》，中国环境的科学出版社2001年版。

作为农业发展重要因素的耕地面积少，占土地总面积的5.31%，远低于全国10%的比例，青海和新疆的比例仅为0.79%和1.90%。而耕地可分为旱耕地和水浇地（见表5－11），其中旱耕地所占的比重较大，为65.60%，主要分布于黄土高原，宁夏同心一带以及青海东部；水浇地在西北耕地中所占的比例较小，为34.40%，主要分布于关中平原、汉中盆地、银川平原、青海东部河川及新疆、河西走廊、柴达木盆地的绿洲地。

表5－11　　　　　　　　　西北五省区耕地利用分类概况　　　　　单位：万公顷

省　份		陕西	甘肃	宁夏	青海	新疆	总计
耕地总面积		551.76	586.62	132.50	56.83	315.27	1642.94
旱耕地	面积	534.26	385.23	97.03	40.52	21.43	1078.48
	%	96.80	65.70	73.20	71.30	6.80	65.50
水浇地	面积	17.50	201.39	35.47	16.21	293.84	564.46
	%	3.20	34.30	26.80	28.70	93.20	34.40

资料来源：孙成权等：《中国西壮地区资源环境问题研究》，中国环境的科学出版社2001年版。

但是由于西北地区人口较少（1999年末总人口为8988.67万人，占全国的7.14%），人均土地和耕地面积相应地高于全国平均水平（表5－12）。1993年，西北五省区的人均土地和耕地面积分别为全国的4.75倍和2.50倍，土地和耕地资源可谓相当丰富。同时，西北地区是全国宜农荒地资源较多的地区之一，仅次于东北地区。全区约有宜农荒地0.1亿公顷，其中90%以上分布于新疆，其次为宁夏、青海、甘肃，为西北农业发展提供充足的后备资源。另外，西北耕地平均粮食单产仅2875.5公斤/公顷，而水浇地单产一般都要超过7500公斤/公顷，说明西北的大部分旱地只要有水就能提高产量，开发潜力比较大。

表 5 - 12　　　　　西北五省区人均土地和耕地面积（1993）

省　　份	陕西	甘肃	宁夏	青海	新疆	西北五省区	全国
人均土地（公顷）	0.61	2.03	1.06	15.68	10.36	3.80	0.80
为全国的倍数	0.76	2.54	1.33	19.60	12.95	4.75	
人均耕地（公顷）	0.16	0.26	0.27	0.12	0.20	0.20	0.08
为全国的倍数	2.00	3.25	3.38	1.50	2.50	2.50	

二　水资源贫乏，时空分布不均

水资源是人类进行一切生产活动和生活的基本资源，人类文明的发展史与水有着密切的关系。西北地区地处大陆深处，水资源极其贫乏，地多水少，水土资源分布极不平衡。据统计，西北五省区国土面积约占全国面积的 32.1%，2005 年西北地区水资源总量为 2607.6 亿立方米，占全国的 9.3%，这与国土面积占全国的 32.1% 相比，是极不相称的。尽管如此，该区的人均水资源拥有量达 2755.6 立方米，高于 1997 年 2220 立方米的全国平均水平，但也表现出时空分布不均衡、需求不相匹配的特点。而水资源多年平均径流深度和地表径流总量均居全国各大区之末。按国土面积平均每平方公里产水 7 万多立方米，为全国平均值的 1/4；人均水资源量也仅为 2482 立方米，宁夏甚至只有 195 立方米，是我国极度缺水地区之一。西北地区水资源有降水、河川径流、地下水、湖泊、冰川等多种来源（见表 5 - 13）。

表 5 - 13　　　　　　　西北地区水资源概况

省份	年降水量 （10^8 立方米）	年径流量 （10^8 立方米）	地下水 （10^8 立方米）	水资源总量 （10^8 立方米）	人均水资源量 （立方米/人）	单位面积水资源 （10^4 立方米/ 平方公里）
陕西	1371	420.0	165	442	1258	215
甘肃	1297	273.0	133	274	1124	6.0
宁夏	157	8.5	16	10	195	1.9
青海	2046	623.0	258	626	13015	8.7
新疆	2429	793.0	580	883	5316	5.3
合计	7300	2117.5	1152	2231	2482	7.2

资料来源：师守祥：《中国西壮地区水资源可持续利用的问题与对策》，《西壮师范大学学报》（自然科学版）2001 年第 4 期；中国科学院可持续发展研究组：《中国可持续发展战略报告》，科学出版社 1999 年版。

（一）降水资源分布

西北五省区的绝大部分地区处于我国400毫米等降水线西北一侧，因深居内陆，远离海洋，境内高山阻隔，季风影响弱，气候十分干燥，降水量显著偏少，分布很不均匀。内陆河地区为典型的大陆性气候，多年平均降水量大于300毫米的都是高山带，而平原盆地的降水量多在150毫米以下。北疆盆地年降水量100—200毫米，南疆盆地不足50毫米，若羌一带约20毫米，哈密北部戈壁不足15毫米，吐鲁番盆地小于10毫米，河西走廊西部不足50毫米，阿拉善地区东部在100毫米左右。降水年内分布不均，5—8月或6—9月降水占全年50%—80%，在盆地不足50毫米，主要由几场暴雨引起。黄河流域降水东南多，西北少，山区多于平原。有3个明显降水地带：同德至同仁、兰州、会宁、靖边、榆林、府谷一线以南和湟水上中游地区年降水量在400—800毫米；此线以北与景泰、中宁、临河等地之间，以及玛多以西地区在200—400毫米；其余地区在200毫米以下。年内降水分配极不均匀，60%—80%集中在6—9月，最大降水量出现在7、8月，最小月降水量出现在1月和12月（郭生练，1988）。

（二）地表水资源分布

西北地区的地表水资源主要分属黄河、长江、澜沧江、额尔齐斯河等外流水系以及塔里木河、伊犁河等内陆水系。我国两条最大的河流黄河、长江均发源于青海省区内。青海南部大部分地区、甘肃陇南地区和陕西省南部属长江流域，黄河是本区内流程最长的河流，流经除新疆以外的四省（区），包括青海东部、甘肃中东部、宁夏西北部和陕西大部分地区。同时，西北是中国主要的内陆河区，内陆河流域面积约占西北总面积的64%。内陆河主要分布于新疆、甘肃河西地区和青海。其中，新疆内陆河径流量占全疆水资源总量的86%。

（三）地下水资源

据估算全球的地下水总量为400万平方公里，占淡水资源的95%，地下水资源是水资源极重要的组成部分。地下水的补给源主要是大气降水和地表水，高山冰川融化形成的径流也源于大气降水。西北干旱区年降水量在150—500毫米以下地区，地下水中降水入渗量较少，地表水和地下水在一定条件下可以相互转化，在西北干旱区内陆河流域，这种转换因频繁而表现得较为明显，组成独特的河流—含水层系统。

（四）冰川分布状况

冰川融水年径流量是西北水资源的重要组成部分，冰川在干旱区具有多年调节河川径流的作用，对气候变化十分敏感，降水、气温的变化对雪线的移动、冰川运动都会产生影响。我国是世界上低纬度山丘冰川最多的国家之一，在 2001 年冰川总面积 58651 平方公里，冰川主要分布于西北内陆各大山系，较为集中地分布于天山、昆仑山。西北地区冰川分布于新疆、青海、甘肃三省（区），以冰川面积、总储量、年融水量排序为新疆、青海、甘肃（见表 5 – 14）。

表 5 – 14　　　　　　　　　　　西北冰川与全国比较

国家或地区	冰川总面积 （平方公里）	占全国 （％）	冰川储量 （10⁸ 亿立方米）	占全国 （％）	冰川融水量年径流量 （10⁸ 亿立方米）	占全国 （％）
中国	58651		51322		563	
西北地区	30763.52	52.45	30624.88	59.67	224.43	39.86
甘肃	1657.21	2.83	801.31	1.56	9.99	1.77
青海	2767.00	4.72	2162.63	4.21	18.44	3.28
新疆	24479.30	41.74	25835.70	50.34	178.60	31.72

资料来源：孙成权等：《中国西壮地区资源环境问题研究》，中国环境科学出版社 2001 年版。

（五）湖泊分布

西北湖泊主要分布在青海、新疆，共有 405 个面积大于 1 平方公里的湖泊，总面积约 1.5 万平方公里，绝大部分湖泊为咸水湖，少部分为盐湖，淡水湖约占 1％，其中博斯腾湖是我国最大的内陆淡水湖，罗布泊是我国内流区最大的咸水迁移湖，青海湖是我国最大的咸水湖。青海省湖泊率为 2％，仅次于西藏（湖泊率为 2.04％），占全国湖泊面积的 19.22％；新疆是多湖泊的地区，据中科院南京湖泊地理研究所统计，现有面积大于 1 平方公里的湖泊 139 个，总面积 5508 平方公里，居全国第 4 位。

西北地区水资源总体来说比较缺乏。由于区域气候的干旱化，降雨和地表水非常稀少，加之地理环境的多样性使得水资源利用变得很困难。大多农业发展区域用水来自西北内陆冰川融水和区域小流域以及湖泊。水资源不足和用水困难严重制约农业的发展。

三　植被资源丰富，发展面临困境

西北地区由于地带跨度大，气候多样，加之水分、土体结构的明显分异，使区内物种繁多，种群差异明显，生物资源极为丰富，并具有显著的地域分异特点。

（一）森林资源

西北地区地处欧亚大陆腹地，远离海洋，除秦巴山区外，大部分地区是半干旱、干旱气候，灌溉农业和稀少的植被勾绘出了荒漠化植被景观的特色。山地的耸起和山地气候的形成为天然森林的发育提供了优良的生境，形成了数量上独具特色的森林资源和多样的森林类型。绿洲灌溉农业的发育又为发展林业、扩大森林资源、建立现代林业提供了良好的条件。西北的森林资源按其起源分为天然林、人工林两大类，天然林中包括山地森林、平原次生林、次生灌木林、河谷林、荒漠灌木林和胡杨林等。据统计资料计算，西北五省区共有林地面积2738.63万公顷，占本区土地面积的9.00%，其中有林地857.98万公顷，占林地面积的31.3%（见表5－15）。全区森林按其山系划分，主要分布于天山、祁连山、西倾山、马衔山、巴颜喀拉山、昆仑山、阿尔泰山、唐古拉山、小龙山、子午岭、关山、秦岭、贺兰山、六盘山、罗山等地。人工林地基本与农田分布相同，大部分为绿洲农田防护林。

表5–15　　　　　　　　　西北五省森林资源概况

省份	林业用地面积（万公顷）	林业用地占本区土地总面积（%）	有林地面积（万公顷）	森林覆盖率（%）	有林地占林业用地面积（万公顷）	人均占有林地面积（公顷）
陕西	1212.50	58.9	497.35	24.15	41.0	0.164
甘肃	727.03	16.2	198.86	4.33	27.4	0.084
青海	287.54	4.0	25.01	0.35	8.7	0.054
宁夏	102.73	15.5	10.20	1.54	9.9	0.021
新疆	408.83	2.5	130.56	0.79	31.9	0.083
合计	2738.63	9.00	857.98	2.80	31.3	0.081
全国	26288.85	27.4	13370.35	13.92	50.9	0.114

资料来源：林业部：《中国林业统计年鉴（1994）》，中国林业出版社1995年版。

西北地区大部分地区属于干旱、半干旱荒漠地带，森林发育条件差，人工林营造困难，加上重伐轻养等原因，使林地面积在土地面积中占的比例很小。由于森林资源很少，西北地区的森林覆盖率仅为 2.80%，而全国的森林覆盖率为 13.92%。此外，森林分布不均衡，也是一个很明显的特点。从地域上讲，东多西少，陕西森林覆盖率为 24.15%，新疆仅为 0.79%。森林结构是影响林分生长、生产力以及稳定性的重要因素，也影响森林防护作用的发挥。从整个区域来讲，龄组结构不尽合理，可利用木材比较缺乏，林种组成中用材林占比重大（43.39%），其他林种比重很小，森林质量也越来越差；树种结构单调，不能满足生产建设多方面的需要。森林可及度差，成熟林多分布于各大山系，只有 30% 左右为可及。采伐调运困难，甚至有少部分森林无法采伐。

（二）草地资源

全区的草场总面积为 12184.84 万公顷，占全国草场面积的 30.54%，占本区土地总面积的 40.05%，其中，天然可利用草地面积为 10258.39 万公顷，占草地总面积的 84.19%。新疆的天然草地面积为 5725.88 万公顷，仅次于内蒙古、西藏，居全国第 3 位。青海的天然草地面积为 3636.97 万公顷，居全国第 4 位（见表 5 - 16）。全区天然可利用草地面积人均为 1.28 公顷，远高于全国 0.29 公顷的平均水平。

表 5 - 16　　　　　　　　西北五省草地资源概况

	陕西	甘肃	青海	宁夏	新疆	合计
天然草地面积（万公顷）	520.62	1790.42	3636.97	301.41	5725.88	11975.30
天然草地占当地土地比例（%）	25.32	42.07	51.36	58.19	34.68	40.05
人工种草保留面积（万公顷）	47.73	76.23	21.94	13.64	50.00	209.55
天然草地面积排序	13	6	4	22	3	
天然草地可利用面积（万公顷）	434.92	1607.17	3153.07	262.56	4800.68	10258.39
天然草地理论载畜量（羊只/年）	9029582	11040546	29003611	1471186	32248600	

资料来源：中华人民共和国农业部畜牧兽医司等编：《中国草地资源数据》，中国农业科技出版社 1994 年版。

西北五省区的草地主要分布在黄土高原、青藏高原、天山、阿尔泰山、祁连山、贺兰山、准噶尔盆地、塔里木盆地及河西走廊。地区内复杂多样的地形条件形成和发育了丰富多样的草地类型。在全国 18 个草地类型中，西北五省就有 17 个。区内草地类型主要有：草甸草原、温性草原、温性荒漠草原、高寒草甸草原、高寒草原、高寒荒漠草原、温性荒漠、温性草原荒漠、高寒荒漠、低山草甸、山地草甸及高寒草甸等类。西北地区的草地不仅面积大、类型多，而且牧草种质资源十分丰富，世界上公认的优良牧草西北地区几乎都有分布。丰富多样的草地为各类牲畜的放牧提供了条件，也为围绕草地生产开展试验研究提供了园地，对于因地制宜发展畜牧业，采取多种形式充分合理利用草地，提供了有利条件。

然而，由于西北大部分地区属于干旱荒漠地带，因此荒漠草地所占比重较大，五省区共有荒漠草地3538.90万公顷，占五省区天然草地总面积的29.55%。区内草地若按等级评价，三等（中等）以上的优良草地占区内天然草地的72.81%，四、五等低劣草地占27.19%。区内四级以上高产草地仅占区内天然草地的13.68%，五至八级草地则占到86.32%，反映了区内草地优质低产的特点。

由于西北地区地域辽阔，草地类型多，随着水热状况组合的时空差异，草地生产力表现出明显的地区性、季节性和年际变化。因而载畜量在地区和季节上也有很大差异。以新疆为例：山地草甸类载畜能力最高，只需不到0.4公顷就可放养1只羊，而高寒荒漠类草地需7公顷才可放养1只羊。夏牧场载畜能力最高，百只羊日需草地0.18公顷，分别比春秋牧场和冬牧场高3倍和2倍，比冬春牧场高4倍。区内大部分草地属干旱地区，除部分山地外，大部分地区降水稀少且季节集中，加之水文网分布不均，地下水开采困难，因此本区内形成了大面积缺水和严重缺水的草地，新疆、宁夏的缺水草地分别占本省天然草地的37.93%和28.47%。这些不利因素严重影响西北地区草地资源优势发挥。

第四节　农业可持续发展潜力和症结

西北地区农业可持续发展既要看到面临的不利因素，同时也要看到其发展的潜力所在。西北地区土地面积广阔，光热资源丰富，农业经营环境多样化，关中平原、河套平原、河湟谷地、宁夏平原皆可引水灌溉，河西走廊、新疆绿洲可借雪水滋养灌溉农业，形成传统农业生产的核心区域。黄土高原之大部分、青海高寒地区和宁夏、新疆草原地带为传统畜牧生产区域。不仅为生产各类粮食、经济作物创造了条件，而且也为各种树木、牧草、牲畜的生长提供了合适的环境，使土地利用方式多样，有利于形成农、林、牧、渔多种经营的大农业格局。

一 光热资源和水土资源充裕

西北地区光热资源丰富，耕地充足，人口稀少，增产潜力较大，有着农业持续发展的特有优势。少雨的干旱地区，全年日照时数 2500—3400 小时，即使雨量较多的半干旱及半湿润易旱地区如黄土高原可达 1900—3200 小时。这一地区日照充足，太阳辐射能高于同纬度的华北平原，是中国辐射能高值区之一。地面和贴近地面空气中的大量辐射能，对农作物和牧草、树木的生长发育有促进作用，还为广泛利用太阳能源创造了有利条件；丰富而又有差别的光热资源奠定了适于不同作物生长的有利条件，决定了不同地区的无霜期长短、可种植作物类型及复种有效（活动）积温（≥10℃）。光、热、温三方面决定了西北地区有暖温带、温带及中温向暖温过渡三个地带，具有作物的多样性和种植制度的复杂性。

全区面积大于 400 多万平方公里，占国土面积的 42%。现有耕地约 1.3×10^7 公顷，尚有较多的土地可供开发利用。人口只有全国的 8%，人均耕地 0.16 公顷，居全国首位。位于这一地区的关中灌区、河西走廊等地，经过长期人为活动，创造了肥沃的土壤，灌水又有一定保证，是本区甚至是全国著名的高产区，有着一定增产潜力。干旱、半干旱及半湿润易旱地区，都有一定水资源可供进一步开发利用；提高现有水资源利用率上也有较大潜力。例如，新疆灌区灌水量过大，一般灌水量 $15 \times 10^3 \mathrm{m}^3$/公顷，甚至高达 $30 \times 10^3 \mathrm{m}^3$/公顷，浪费严重。其他地区也由于渠道渗漏和灌水制度不合理，灌水系数和水分利用效率均不高。采用合理的灌溉制度可以扩大灌溉面积，提高产量。

二 农业用水环境的严峻性

从自然条件来看，干旱少雨是影响西北地区农业生产以及农业持续发展的问题所在。处于欧亚大陆腹地的西北干旱地区，远离海洋，四周高山阻挡海洋水汽难以到达，形成了我国最干旱比同纬度其他地区降水量少的地方，其中荒漠地带年降水量一般 200 毫米以下，甚至几毫米。不灌溉就不能农耕，植树种草也需多次灌水。由干旱向半干旱及半湿润易旱地区过渡，降水逐渐增多，从 250 毫米逐渐增至 600 毫米，虽然可以发展旱地农业，但由于降水仍不充分，时空分布又不均匀，降水与作物生长季节不完全同步，农业生产具有较大的风险性和不稳定性。

　　降水是地表水和地下水的主要补充来源，降水稀少导致地下和地表水资源只有全国的7.2%。水资源短缺限制了灌溉农田的发展，从而限制着农业生产的发展。据估计，21世纪至少需要增加200亿立方米水才能满足经济、社会发展的需要。降水变率大是这一地区气候变化的主要特点。干旱地区往往连续几个月乃至半年以上滴雨不降，而有时1—2天之内又会骤降全年1/2乃至2/3以上的降水。按有效降水计算，连续干旱期常达半年以上，个别地区和个别时期甚至可达1—3年。半干旱和半湿润地区降水同样分布不匀，年际间甚至有成倍之差，使农业成为一种带有很大风险性的产业；年内主要集中在7、8、9月，只能满足或部分满足雨季作物的需要，而其他季节生长的作物经常处在干旱胁迫之中。

三　土地资源侵蚀严重性

　　水土流失严重是世界旱地的共同特色，也是西北半干旱及半湿润易旱地区的主要问题。本地区降雨虽少，但降雨强度大，多暴雨。植被覆盖度小的地表，面对着强度大的短期降雨，土壤难以保留降水，引起严重水蚀，甚至严重水灾。水土流失在黄土高原尤为突出。黄土土层深厚，透水性能好，持水容量大，能在2米土层蓄积400—600毫米降水，但由于降水强度往往超过土壤的入渗速率，形成地面径流，导致严重的水土流失。穿过黄土高原的黄河及其许多重要支流，携带泥沙量极多。华北平原河流的年输沙量仅1.5亿吨，辽河在铁岭站的年输沙量仅0.21亿吨，而黄河流经三门峡（陕县）的年输沙量约16亿吨。据测定，每吨表土含氮0.8—1.5公斤，含磷1.5公斤，钾2.0公斤。每平方公里年均冲走表土300—400吨，会使大量养分一去不复返。严重的水蚀既造成了大量降水流失，加重了水分不足的胁迫，又冲走了肥沃表土，带走了土壤有机质，使土壤结构恶化。黄土地区地形支离破碎，生态环境脆弱，农业生产的基本条件恶化；黄河中大量泥沙的输入，危害本区，波及下游，造成黄河河道萎缩、河床不断抬高，使黄河下游历史上经常出现决口和频繁的水旱灾害。现在的"地上悬河"仍严重地威胁着下游25万公顷土地，1亿多人口的生命财产安全，成为中华民族的心腹大患。

　　黄土高原水土流失之所以严重，从自然条件来看一是植被少，覆盖度差，黄土地区残存的天然林面积占不到总面积的3.0%；二是黄土疏松，易于侵蚀；三是新构造运动不断上升以及流经其间几条大河不断下切，形成了黄土高原丘陵区沟壑纵横、峡深崖陡的特殊地貌形态；四是黄土丘陵区大部分耕地坡度在 15°—30°，容易形成径流。自然条件虽然有严重水蚀的可能，但把这种可能变为现实的是人为活动。经济困难的农民无力培肥土壤，只好广种薄收，滥垦以扩大耕地面积，造成了"越垦越穷，越穷越垦"的严重恶性循环；滥伐、滥樵、滥牧，毁林、毁草的结果进一步减少了土壤的植被覆盖，加重了水土流失和整个生态系统破坏。新中国成立以来，黄土高原开展了大量的水土保持工作，取得了一定成绩。但治理速度慢，破坏却很严重。目前局部生态环境虽有改善，但整体并未好转，甚至还有恶化现象。

干旱少雨和侵蚀严重使本地区具有生态环境的脆弱性，人口增长的压力和人为活动的不良影响更进一步加剧了生态环境的脆弱化程度。要使西北地区农业可持续发展，必须溯本求源，从改善生态和治理环境条件着手，积极探讨农业可持续发展技术路径和发展模式。

第五节　加大农业生产环境治理，
促进农业持续发展

西北地区发展现代农业要充分考虑生态环境、自然灾害环境和资源环境问题。生态环境总体脆弱已是不争的事实，21 世纪以来，我国的荒漠化和沙化趋势得到有效控制。从 2011 年国家林业局发布的《中国荒漠化和沙化状况公报》（国家林业局，2011）中，得到以下数据：2000—2004 年荒漠化、沙化土地分别年均净减少 7585 平方公里、1283 平方公里，2005—2009 年分别年均净减少 2491 平方公里、1717 平方公里。与 2004 年比，轻度荒漠化土地增加 3.47 万平方公里，中度减少 1.69 万平方公里，重度减少 6800 平方公里，极重度减少 2.34 万平方公里。轻度沙化土地面积增加 2.73 万平方公里，中度减少 9906 平方公里，重度减少 1.04 万平方公里，极重度减少 1.56 万平方公里。此外，植被状况进一步改善。一是沙化土地植被平均盖度由 2004 年的 17.03% 提高为 2009 年的 17.63%，5 年提高了 0.60%；二是固定沙地增加，半固定、流动沙地减少。5 年间固定沙地增加 3271 平方公里，流动沙地减少 5465 平方公里，半固定沙地减少 1619 平方公里；三是植物多样性增加。但是处于西北地区的塔里木河下游等区域沙化土地处于扩展状态，但扩展的速度已经趋缓。

这些成绩同我国在治理荒漠和沙化问题上采取生态治理和政策激励双重机制有关，同时也与西北地区近十年的降水多有关系，降水对促进这些地区天然植被自然修复和工程治理效果的提高发挥了积极作用。因此，我们必须考虑，我国土地荒漠化、沙化的严峻形势尚未根本改变，土地沙化仍然是当前最为严重的生态问题。我国北方荒漠化地区植被总体上仍处于初步恢复阶段，自我调节能力仍较弱，稳定性仍较差，难以在短期内形成稳定的生态系统。人为活动对荒漠植被的负面影响远未消除，超载放牧、盲目开垦、滥采滥挖破坏植被的行为依然存在。

经济快速发展和人口增多，加上不合理利用水土资源，造成水土资源极度困乏，农业水土环境依然严峻。如果水土资源持续恶化，农业用水环境面临更大的问题，因此如何节约用水和合理用水将会成为西北地区农业持续发展的关键之处。

气候变化导致极端气象灾害（如持续干旱等）频繁发生，我国西北地区的农业灾害环境依然突出；土地荒漠化、沙化的危险仍然存在。这些因素对植被建设和生态环境恢复影响甚大，因此必须加大农业生产环境的治理力度，采取有效措施对农业发展提供良好的发展环境和空间，促进西北地区的农业良性持续发展。

总之，要切实重视西北地区的农业生产环境问题，要同国家西部大开发战略结合起来，同国家的"一路一带"发展战略结合起来，西北地区具有明显的区位优势和战略地位，西北地区是多民族聚居区，丝绸之路的核心区域，是我国向西开放的前沿阵地，亚欧大陆桥必经之地，在开拓欧亚市场中占有重要地位；此外，西北地区还是我国大江大河源头及上游的特殊地理位置，地质历史、生物多样性资源丰富，是国家生态安全保障战略要地。重视解决西北地区农业生产环境问题是实现现代农业发展的关键因素，事关西北地区农民增收和农业持续发展，事关西部地区全面小康和全国现代化，没有西北地区的农业可持续发展就没有全国的农业可持续发展。

第六章 气候变化与农业可持续发展

《中国21世纪议程》中指出，农业是中国国民经济的基础，农业可持续发展是中国可持续发展的根本保证和领先领域，农业可持续发展就是要使农业具有长期持续发展的能力。由于农业是受气候变化影响最直接、最脆弱的领域之一，因此气候变化成为影响农业生产的重要制约因素（谢立勇等，2009）。由于我国是农业大国，人口众多，农业还是靠天吃饭，近年极端天气事件带来的自然灾害频发，危害农业生产，对粮食安全造成严重冲击，危及农业可持续发展。近几年，气候变化已成为广泛关注和研究的全球性环境问题。类似全球气候变暖现象、碳排放等话题成为世界性的热点问题，有关气候变暖和极端天气对社会经济发展带来严重危害和人们为此付出沉重代价的观念已被世界所广泛接受。"十二五"是我国推进农业现代化的关键时期，在农业面临全球变暖和极端气候频繁出现的环境下，如何适应和减缓气候环境变化，成为农业可持续发展研究的重要课题。

西北地区气候变化，加上人为因素影响，会诱发农业水土环境恶化，沙漠化和土地盐碱化等农业生态环境灾害频发。农业生态环境灾害通常会降低土地的生产力，削弱区域农业可持续发展的潜能。在气候变化趋暖的态势下，西北地区农业资源环境矛盾依旧十分突出，因此研究西北地区的气候变化与农业可持续发展问题变得十分重要。

第一节 气候变化问题综述

在全球气候变暖的背景下，近百年来，中国年平均气温升高了0.5℃—0.8℃。近50年变暖尤其明显，中国大部分地区呈增温趋势，以北方增温最为明显。地球上有九成自然生态系统的变化与全球变暖有关。全球变暖对农业生产、粮食安全、水环境带来威胁，西北地区也不例外，农业可持续发展面临严峻的气候问题。

一　全球气候变化特征和趋势

《联合国气候变化框架公约》把气候变化定义为经过相当时间的观察，在自然变化之外有人类活动直接或间接地改变全球大气组成所导致的气候变化（秦大河等，2005）。

全球气候变化主要是指全球气温升高。这既是一种"自然现象"，也与人为活动有关，是自然和人为活动共同作用的结果。

地球表面的热量主要来自太阳。太阳热能以短波入射地球，而地球表面则将太阳热能转为长波反射太空。如果入射的能量与反射（辐射）的能量相等，则地球表面温度恒定。围绕地球表面的大气层对太阳辐射的短波（太阳辐射的可见光，3.8—7.6纳米，波长较短）具有高度的透过性，能让其毫无阻碍地自由通过而达到地面，但其中一些气体却能对地球反射出来的长波辐射（如红外线）具有高度的吸收性，能阻止地面的长波反射。这种含有阻止地面辐射热散失、保护地面热量气体的大气层和地表这一系统形成一个巨大的"玻璃温室"，使地表始终维持着一定的温度，产生了适于人类和其他生物生存的环境，因而被称作"温室效应"，而这些能阻止长波反射的气体也因而被称为温室效应气体。在平常状况下，温室效应气体质量稳定，吸收和返回地面的长波热量也自然稳定。一旦温室效应气体增加，则吸收和反射的长波热量随之增加，于是地球表面温度就会升高。这就是全球变暖的原因。温室效应气体有二氧化碳、甲烷、氯氟化碳、臭氧、氮的氧化物和水蒸气等，其中二氧化碳是温室效应气体的主体，也是造成地球升温的最大肇事者。现在普遍认为，导致全球变暖的主要原因是人类在近一个世纪以来大量使用矿物燃料（如煤、石油等），排放出大量的二氧化碳多种温室气体。气候变暖是其主要特点。越来越多的观测数据证明了这一观点。近100多年来（1906—2007年），全球平均气温经历了冷—暖—冷—暖两次波动，总的呈上升趋势，全球平均地表气温上升0.74℃（0.56℃—0.92℃）。进入20世纪80年代后，全球气温上升更为突出。1981—1990年全球平均气温比100年前上升了0.48℃。20世纪后半叶北半球平均温度很可能比近500年中任何一个50年时段更高，而且自1850年以来最暖的12个年份有11个出现在1995年至2006年。过去50年温度每10年平均上升0.13℃，是过去100年平均升高量的2倍。2010年12月初，在墨西哥举行的坎昆会议上，世界气象组织就宣布：2010年有可能超过 1998 年成为 1850 年有气象记录以来最热的一年。2010 年前 10 个月的平均温度，与前 30 年相比高出约 0.55℃。虽有部分地区比往年寒冷，但全球变热趋势仍在持续。此外，气候极端事件也逐年增加。

二　我国气候变化特点和趋势

（一）年平均气温上升

在全球变暖的趋势下，我国近 100 年气温平均增幅为 0.6℃—0.8℃，近 50 年平均气温上升约 1.1℃（任国玉，2005）。增温现象主要从 20 世纪 80 年代开始，一直呈上升趋势。全国年平均气温升高以北方地区为主，其中华北和东北地区增温幅度最大，一些地区增温幅度高达每十年 0.4℃—0.8℃。

（二）降水空间地域分布不均

气候趋暖使全国降雨量呈现不均衡趋势：长江中下游和东南地区近 50 年年降水量增加 60—130 毫米，但是华北、西北东部和东北南部降水量有减少趋势。此外，近 50 年来中国东北东部、华北中南部的黄淮平原和山东半岛、四川盆地以及青藏高原部分地区的年降水量出现不同程度的下降，其中山东半岛最为明显。

（三）极端天气事件发生频率增加

极端天气事件是指当地的天气状态严重偏离其平均态时，在其统计参考分布之内的罕见事件，其出现的频率要等于或少于 10%（丁一汇，2009）。近年来极端天气事件不断发生并且未来我国极端天气气候事件发生频率可能增大，将对人们日常生活和社会经济带来严重影响。

表 6-1　　　　　　　　中国 2006—2010 年极端天气事件

时间	地域	事件（级别）
2006 年	四川、重庆两省、市 全国	百年一遇夏季大旱 全国年平均气温 10.5℃，比常年偏高 1.1℃，为 1951 年来最高
2007 年	淮河流域（安徽、江苏、河南）等省	仅次于 1954 年全流域性大洪水
2008 年	南方地区	一百年一遇低温雨雪冰冻天气
2008—2009 年	北方冬小麦主产区	五十年一遇冬春连旱
2009 年	内蒙古、山西、河北、北京等地	六十年一遇寒冬
2009—2010 年	西南（云南、贵州、川西、广西）地区	一百年一遇严重秋冬春连旱
2010 年	重庆、广东、江西、湖南等地	遭遇罕见暴风雨

三　西北地区气候变化特点及趋势

西北地区近40年来，气温呈现上升趋势，以1986年为"分水岭"，后16年的气温，比1986年前36年大约升高0.7℃，是全国年平均增温幅度（0.35℃）的两倍。从近45年来中国西北平均温度的变化趋势可以发现，中国西北年平均温度表现为一致的增加趋势，其中增加最多的为0.89℃，最少的为0.02℃（见图6-1）。

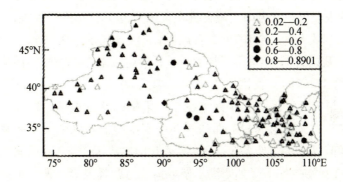

图6-1　西北地区年平均温度的倾向率空间分布

资料来源：杨金虎等《中国西北近45年来极端低温事件及其对区域增暖的响应》，《冰川冻土》2007年第4期。

积温、温度日较差、生长季降水以及极端气候状态是最主要的农业气候指标（刘德祥等，2005）。1987—2003年与1961—1986年相比，西北地区年降水量西部呈增多趋势，东部呈减少趋势。西北地区的极端天气主要呈现为极端低温和极端高温。从1960—2004年，西北年极端天气事件发生频次的空间分布可分为五个关键区：北疆区、青海北部区、西北东部区、南疆区及青南高原区。年极端低温事件发生频次除了青南高原区表现为微弱的减少趋势外，北疆区、青海北部区、西北东部区和南疆区均表现为显著的增加趋势，并且发生了突变现象（杨金虎等，2007）；年极端高温发生的频率青海北部有显著增加，西北东部和青藏高原区增加趋势较为明显，北疆区和南疆区增加趋势较弱（任国玉，2007）。

第二节 气候变化对农业环境的胁迫

一 极端气候导致农业生产环境严峻

气候变化对农业生产环境的影响主要体现在土壤水分和气候生产力上。极端气候导致农业气象灾害频发，增加了农业生产的不稳定性和风险性。极端农业气象灾害中，旱灾排在首位，占53%，洪涝灾害位列第二，占28%，风雹8%，冷冻7%，台风4%。统计显示，从1950—1990年的41年间，我国有11年发生了特大干旱，发生频率为26.8%。而从1991—2008年的18年间，我国则有7年发生了特大干旱，发生频率提高到39.9%。旱灾高发区域主要分布在相对干旱的北方地区，特别是西北地区。近些年来，我国南方东部和西部湿润半湿润地区的干旱频率也在加大，同样值得关注（见表6-2）。另外我国农牧区一般年份牲畜死亡率为5%，但在极端条件下（如寒潮、暴风雪、急剧降温等年份）的死亡率为24%（吴孝兵，2001）。据统计，我国每年因为气象灾害造成的农业直接经济损失达1000多亿元，约占国民生产总值的3%—6%。从1991年到2005年，我国年均仅气象灾害受灾人口就达3.87亿人，年均农作物受灾面积4947.1万公顷。气候变化引起的极端天气事件的增加将给我国农业的持续发展和稳定带来严峻挑战。

表6-2 中国近十年主要大旱灾发生情况

发生年份	发生区域	旱灾类型
2000	全国	严重旱灾
2001	长江中下游和东南沿海地区发生	严重的夏伏旱
2003	云南、广西	严重春旱
2004—2005	重庆和四川东部	特大夏伏旱
2006	东北大部、内蒙古东部、江南、华南等地	较为严重的夏旱
2007	黑龙江三江平原	严重夏伏旱
2008	北方8省冬麦区	罕见冬春连旱
2009—2010	西南（云南、川西、贵州中部、广西西部）地区	严重夏秋、冬春连旱

二　气候变化导致生态环境恶化加剧

受气候变化，加上人为因素影响，农业生态环境恶化加剧，导致水土流失，沙漠化和土地盐碱化等农业生态环境灾害频发。农业生态环境灾害通常会降低土地的生产力，削弱区域农业可持续发展的潜能，如水土流失造成熟土层或土层变薄、土壤肥力下降甚至完全失去利用价值，土壤退化直接造成土地减少或者草场退化，成为诱发旱灾、沙尘暴等其他灾害的根源。目前，我国30%的耕地受到水土流失的危害，干旱和半干旱区约有40%的耕地受到沙漠化的影响，每年约有数百万公顷的耕地减产甚至绝收（邓大才，2003）。草场退化造成草料缺乏直接影响到牲畜个体生产和畜产品质量，制约畜牧业的发展等。东北地区干旱现象已经使有些地区出现了土壤盐渍、荒漠化现象，降低了农业生产质量；西南地区水土流失严重导致当地土壤质量下降、土壤肥力损失较大、粮食减产严重，严重影响当地农业经济的发展。农业生态环境对农业生产的影响表现比极端天气缓慢，其后果在一定时间后再表现出来，但是后果严重且难以恢复。

气候变化对森林和草原生态破坏严重。气温变暖使森林草原区干旱出现的概率升高，草原土地生产力脆弱，荒漠化趋势加重。这将使西北地区草原面积减少，为荒漠化扩展提供潜在条件。

三　气候变化导致农业水资源紧张

水资源是农业可持续发展的重要保障因素。近年来，气候变化对水资源的影响随着经济的发展与日俱增。气候变化一方面对水资源分布和利用产生影响，另一方面暴露我国水资源管理存在严重问题。

未来气候变化将对我国农业用水带来影响。由于我国水资源分布不平衡，南多北少，东部多，西部少。中国农业灌溉面积达7.1亿亩，占耕地面积的47%，粮食总产量的2/3来自灌溉农业，因此水对中国农业发展、人民生存至关重要。气温升高，降水减少1%，灌溉面积将减少1%以上，粮食总产受到巨大影响，并使水资源短缺的北方农业面临更大的困境（王丹，2009）。未来50—100年，我国北方地区水资源在气候变暖影响下，农业用水与工业用水矛盾加大，将会进一步影响灌溉用水的质量和数量。

气候变暖加剧干旱洪涝等极端天气事件发生的概率，某种程度上导致我国北方水资源的短缺和南方洪涝灾害多发的严峻形势，使得水资源的不稳定性与供需矛盾加剧，凸显水资源管理缺失。2009年春北方冬麦区大旱，陕西关中灌溉区域却存在工业用水挤占抗旱用水；2009 年秋天我国西南持续干旱，本来属于水资源丰富区域，由于抗旱水源工程不足，水资源调蓄能力不高，水利基础设施建设相对滞后的问题，导致旱灾范围扩大，旱灾危害持续加重。新中国成立 60 年来，前三十年对水利基础设施的建设非常重视，许多工程得以落实。但是后面的三十年则放松了相关设施的建设。尤其本次遭受旱灾的地区，很多农村还沿用几十年前修建的水利设施。干旱灾害环境胁迫下，水资源综合管理建设亟须加强。

第三节　气候变化对农作物的影响

气候变化对西北地区农作物及畜牧业等有显著影响。影响因地域地理特征和气候特点而不同。

一　影响农作物的生长发育

农作物对气候变化十分敏感和脆弱。我国作物生产受气候变化影响较大，主要是农作物对温度的要求相当敏感，每种作物都有适合自己的生长温度区域，过高或过低都对作物生长不利。气候变暖对农作物的生育期有明显影响：以水稻为例：假如气温每增高 1℃，生育期平均缩短 7—8 天，生育期缩短，使分蘖速度加快，有效分蘖减少，导致总干重和穗重下降，双季稻区早稻平均减产约为 16%—17%，晚稻减产平均 14%—15%。气候变暖也使小麦的生育期缩短，平均温度增高 1℃，冬小麦生育期平均缩短 17 天，生育期缩短使干物质累积时间相应减少，使籽粒产量下降，减产幅度大约为 10%—12%，对粮食增产非常不利。对冬小麦而言，由于秋季增温，其播种期 20 世纪 90 年代比 20 世纪 80 年代推迟 4—8 天，冬前生长发育速度推迟。并且，由于受春季气温升高影响，冬小麦春初提前返青，生殖生长阶段提早，全生育期缩短了 6—9 天。这种影响特征还具有明显的地域性，以甘肃为例：西峰等有些地区全生育期可缩短大约 15 天，而天水等地只缩短了 1 天左右。对于春小麦而言，由于春季气温升高，90 年代春小麦播种期比 80 年代平均提早了 2 天左右，提早最多的临夏等地可达 7 天；而全生育期略有缩短，大约为 1—2 天。春小麦全生育期的变化也同样具有明显的地域性，民乐等地缩短可达 13 天左右，而陇中等地缩短大约只有 1 天（张谋草，2005）。相比较而言，气温变暖对春小麦生长发育的影响不如冬小麦明显，这主要与冬季气温升高更加显著有关。

玉米和棉花等属于喜温、喜热作物，气温升高总体对其生长发育比较有利。20世纪90年代与80年代相比，由于温度升高，玉米播种期提早了1—2天；但生殖生长阶段有所延长，其中乳熟期延长最多；全生育期总共延长了6天。雨养旱作区玉米生育期受热量和降水共同作用，各生育阶段均提早结束，全生育期反而缩短了6—8天。就棉花而言，播种期提早了7天左右；吐絮期也明显提前，最多可达13天；停止生长期提前了3天；不过全生育期延长了4天左右。可见，气候变暖使棉花和玉米的全生育期总体上都明显延长，为生长发育赢得了更加充足的热量资源，对生长和发育均比较有利。对胡麻和油菜等喜凉作物而言，气候变暖使胡麻播种期提早了20天左右，全生育期却延长了30天，是农作物中全生育期延长比较明显的。冬油菜播种期推迟了7—13天，停止生长期也较以前有所推迟，返青后的生育期提前了8—12天，与胡麻相比其全生育期反而缩短了17—32天，是农作物中全生育期缩短比较明显的。对于马铃薯而言，如果地温提高2.2℃—2.5℃，出苗期将提前13天，全生长期也会有所延长（邓振镛等，2007）。

总之，气候变暖对农作物生长发育利弊皆有。它使春小麦、玉米、马铃薯、棉花、胡麻等春播作物播种期提早；使棉花、玉米等喜热、喜温作物的生长发育速度加快，营养生长阶段提前，生殖生长阶段和全生育期延长；使冬小麦和冬油菜等越冬作物播种期推迟，冬前生长发育速度减缓，春初提前返青，生殖生长阶段提早，全生育期缩短。相对而言，对春小麦等灌区喜凉作物生长发育的影响相对较小。综合来看，目前气候变暖的程度对越冬作物的冬前生长发育及喜温作物和喜热作物的全生育期生长发育均比较有利。但由于气候变暖引起土壤干旱化和农作物某些病虫害增加，对大多数农作物生长发育却并不太有利。

变暖的气候环境对其他植物也会产生影响。一般认为较长生长期对农作物有利，但是适宜庄稼生长的季节变长并非一定是好事。对于许多植物来说，它们更需要一个严寒的冬天才能茁壮生长，并安然度过春寒料峭的早春季节。如果冬季太短，植物来不及从沉睡中苏醒过来反而导致大量的减产。因此气候变化是把"双刃剑"，有利有弊，我们应该兴利除弊，积极探索适应气候变化的农业生产技术。

二 影响农作物种植制度和面积

随着气候变暖，将改善区域的热量资源，积温增多，我国长江以北特别是中纬度和高原地区的作物生长季节延长，低温冷害有所减轻，喜温作物界限北移，晚熟作物品种种植面积增加，促进了种植结构调整。20世纪90年代以来，东北地区气候增暖明显，水稻种植面积得以北扩至伊春、嘉荫等水稻禁区（矫江等，2008）。西北地区喜温作物面积扩大，越冬作物种植区北界向北扩展（刘德祥等，2005）。其中陕西省冬小麦种植区北界向北扩展，但降水减少和干旱加剧使冬小麦生长受限制区扩大（曾英等，2007）。假若在温度上升1.4℃，降水增加4.2%的条件下，我国一熟制种植面积由现在的62.3%下降为39.2%，二熟制种植面积由24.2%上升到24.9%，三熟制种植面积由当前的13.5%提高到35.9%。

气候变暖已经使西北地区农作物种植面积和种植格局发生了较大改变。20世纪90年代与80年代相比，由于温度升高，冬小麦种植北界向北扩展了50—100公里，西伸也比较明显，且从海拔高度1800—1900米向2000—2100米扩展，种植面积扩大10%—20%。马铃薯适宜种植区上限海拔高度也平均提高了100—200米；马铃薯的适宜种植范围也有所扩大，尤其甘肃陇中地区的种植面积扩大迅速。棉花适宜种植区海拔高度升高了100米左右，仅甘肃种植面积就扩大了近10倍。冬油菜种植带向北扩展了约100公里，种植区海拔高度提高了约100—200米，种植面积扩大了大约1倍。胡麻的适宜种植上限高度提高了100—200米，种植面积也明显扩大。只有春小麦种植面积明显减少，大约缩减了10%—20%，尤其是甘肃的定西和临夏一带减少最为明显，这与气候变干现象有直接关系。另外由于气候变暖，多熟制种植带向北推移种植高度增加了200—300米；复种指数也明显提高，复种面积扩大了4—5倍。

三 影响农作物的产量

气候变化对作物产量和品质均有一定影响。气温升高会使西北地区小麦和棉花等农作物增产。譬如冬季气温升高，使冬小麦越冬死亡率大大降低，并且各地也会选用抗寒性或冬性稍弱但丰产性较好的品种，产量有所提高。春小麦的苗期和籽粒形成期发育速度受温度影响最大。1996—2000年与1986—1990年相比，甘肃河西各地春小麦的气候产量（气候产量即实际产量减去社会因素产量，下同）增加了10%以上。棉花气候产量与小于10℃积温关系密切，积温越高产量越高，90年代棉花气候产量比80年代增加了 81.5 公斤/公顷，增长了 54.3% 左右（蒲金涌等，2007）。冬油菜产量与冬季平均气温密切相关。每升高 1℃，气候产量增加 172 公斤/公顷。

气温升高会使马铃薯和胡麻等一些农作物减产。马铃薯产量与块茎膨大期的平均气温和分枝、开花期的降水量密切相关。以甘肃为例：如果降水不变时，产量会随温度升高而降低；但如果气温升高，降水量也变化时，产量随降水波动，陇东南波动最大，陇东次之，陇中较小。胡麻产量则与籽粒期的平均气温呈显著负相关，随着气温升高，产量会降低；同时也与关键生长期、降水呈明显正相关，随降水增加，产量会增高。如果气温升高，并且降水量也变化时，产量随降水波动较大，陇中波动最大，陇东次之，河西最小。

20 世纪 90 年代与 80 年代相比，气候变化使绿洲灌溉区农作物产量提高 10%—20%，特别是棉花的气候产量提高 50% 左右；使雨养旱作区农作物气候产量反而减少了 10%—20%。不过在整个西北地区，气候变暖会使冬小麦、冬油菜、胡麻、马铃薯、棉花等作物的种植面积扩大，使其气候总产量可增加 30% 左右（姚玉璧等，2006）。气候变暖为棉花、葡萄、玉米等喜温和喜热作物生长发育赢得了更充足和更有利的热量资源，会使这些作物的品质有所提高。另外，冬季变暖使冬小麦和冬油菜等越冬农作物死亡率降低，会有利于品质优良的弱冬性品种生长。

第四节 气候变化下农业技术选择和对策

一 适应气候变化的技术措施

气候变化对农业可持续发展产生不利影响，使农业生产脆弱性增加。因此要采取合理的技术措施来降低气候变化带来的破坏程度，提高和增强农业对气候变化的抵御和适应能力。

（一）适时调整农业布局

气候变化可能会使作物生长期的光能资源和热量资源增加，有利于扩大复种面积，增加复种指数；一些作物的种植边界也可能适当北移。这些都是有利的方面。但是气候变化也可能会增加或减少各个地区的降水量。增加当然对作物生产有利，而减少则必然影响作物正常生长。面对这种情况，一个重要的对策是调整对水分要求不同作物的种植结构和分布。三大禾谷类作物（水稻、小麦和玉米）是粮食安全的轴心，要根据气候资源的改变特点对其合理调整和布局。有规划地将冬季越冬作物北移，适当采用多熟制，在一定程度上降低气候变化对农业带来的风险，减少农业生产的脆弱性和不稳定性。

另外，气候变化会增加或减少各个地区的降水量。对西北地区而言，也需要调整小麦和玉米等作物的种植结构和分布。因此，要根据气候资源的改变，适当合理调整农作物的布局，相应调整农业种植制度和结构，有规划地将冬季越冬作物北移，适当采用多熟制，降低农业对气候的脆弱性表现。

（二）选育抗逆性强的农作物品种

气候变化对农业带来的危害迫使科研机构有计划地选育抗逆性强的农作物新品种，首先要增强农作物的抗逆性：包括耐高温、耐干旱、抗病虫害的优质农作物新品种，以应对气候变暖导致的病虫害和草害可能加重的严峻挑战；其次是改善农作物的生理特性：包括选育高光合效能和低呼吸消耗的品种，即使在生育期缩短的情况下也能取得高产优质；对光周期不敏感品种，即使在种植界限北移时也不因日照条件变化而影响产量。

（三）选择合理农业减灾技术

现代农业导致农药、化肥、农业机械等物质投入成本的提高，意味着农户在气候变化下农业经营风险加大。农业应对气候变化的措施应是多种技术的集合，其中最重要的就是加强技术的减灾性。针对干旱少雨，缺水灌溉的西北旱区来说，积极组织和帮助农民选择合理的抗旱减灾技术显得尤为重要。比如在雨养农业区域推广利用雨水集蓄技术就是很好的选择。气候变暖和干旱将使水分成为困扰农业发展的重要因素，应大力发展节水农业。此外，要因地制宜推广地膜或秸秆覆盖技术进行抗旱生产。

在播种和移栽后对土壤喷洒土壤结构改良剂、用抗旱剂抑制地面蒸发、用抗蒸腾剂减少植物蒸腾、开发活性促根剂促根抗旱、扩大根系觅水空间。因地制宜推广地膜或秸秆覆盖保水技术对半干旱地区农业生产更有普遍而重要的意义。

（四）发展节水农业种植技术

气候变暖和干旱将使水分成为困扰农业发展的重要因素，应大力发展节水农业。改善灌溉系统和灌溉技术，推行畦灌、喷灌、滴灌和管道灌，加强用水管理，实行科学灌溉；改进抗旱措施，开发节水高效种植模式和配套节水栽培技术。

二　应对气候变化的政策措施

制定合理的应对气候变化的政策措施，可以降低农业对气候变化的敏感性，进一步增强农业的适应能力，对农业可持续发展具有推进作用。

（一）加大气候变化对农业的影响研究

气候变化对农业的影响尚存在诸多不确定性，自工业革命以来，全球大量排放二氧化碳。以此为主导的温室效应气体诱发了气温升高、全球变暖。这一现象虽已有二三百年历史，但过去进程缓慢，并未引起人们的足够重视。近年来与日俱增的气候突变引起人们的高度警觉，但又无应对的感性认识和实践经验，因而关于气候变化对农业生产所造成的物理和生物化学过程与影响缺乏认识，更不用说完善科学认识了。由于缺乏科学的认知，气候变化对未来社会经济与农业发展就不可能有比较准确的预估。因此，要加强气候变化的研究，提高对气候变化研究的重视。要关注极端气候事件的扩展过程，构建气候变化对农业影响的综合评估模型，开展区域脆弱性及适应对策和措施的专项研究。

（二）加强对极端天气气候的监测，完善灾害应急预案工作

针对极端天气事件发生频繁、灾害强度大的情况，必须加强农业灾害性天气中长期预测预报、预警能力，必须响应能力建设，完善气象综合监测体系。此外，各地应根据自然环境和农业自然灾害发生的规律，确定农业生产防灾减灾的种植模式，提高农业适应气候变化的能力，最大限度减少极端气象事件对农业的影响。

（三）加大农田水利基础设施建设，提高水资源综合管理能力

继续加大农田基础设施建设，增强农业抗灾能力。提高农业防洪、抗旱、供水能力及其应变能力，将气候变化对水资源承载能力的影响作为约束条件考虑，并使这一要求具体落实到建设项目中。要加强水利基础设施建设，维修小水利工程，规划小型水利设施建设的编制工作，开工建设一批控制性骨干工程和中型水库等重点水源工程，提高水资源配置与调控利用能力。

（四）改善农业生态环境，降低农业生产的敏感性

生态环境是影响人类与生物生存和发展的一切外界条件的总和，包括生物因子（如植物和动物）和非生物因子。而农业生态环境（又称农业

生境、农业环境）是农业生物赖以生存繁衍和农业生产赖以发展的环境，即直接作用于农业生物生命活动过程的各种生态环境因素的总和。通常包括气候因素、土壤因素、地形因素、生物因素等自然因素和人为的社会环境因素。农业生物与其环境的相互关系主要表现为：一定的环境形成一定的生物群落，一定的生物群落要求一定的农业生态环境。显然，农业生态环境是生态环境的一部分，两者密切相关。改善生态环境可为农业生态环境奠定基础，有利于农业生产条件的改善，而农业生产条件的改善有利于降低农业生产对气候变化的敏感性，有利于农业可持续发展。要达到生态和农业生态"双赢"的目标，就要依法保护和合理利用土地、矿山、森林、草原和气候资源，提高资源综合利用率；加强生态环境保护和治理，加快重点治理工程建设，改善重点流域、区域、城市、海域的环境质量，有效地控制和降低污染物的排放；在生态脆弱区域实施退耕还湿、退耕还林还草；在水土流失区域加强水土保持工作，加大坡地改梯田建设；加强湿地保护，建立农业生态环境与防灾减灾的保障体系。

（五）积极开展区域农业减灾，维护粮食生产安全

在极端天气频发和干旱灾害影响下，要积极开展农业减灾，千方百计维护粮食生产安全。一要积极开展区域农业减灾研究工作。坚持依靠科技进行农业减灾，加大科技减灾的研究和推广力度。二要大力发展减灾农业。要积极探索适合区域减灾的农业生产模式，尤其要发展抗旱减灾农业生产模式。三要逐步推广农业保险制度，减轻农民因气候灾害带来的风险和损失。对提高农民种粮积极性，保持粮食稳产或增产，稳定农民收入有着积极作用。

第五节　关注气候变化对农业可持续发展的影响

21世纪以来，由气候变化所带来的诸多环境问题成为全球关注的焦点。这一点其实在对我国历史时期环境变迁的影响研究中充分体现出来。比如气候变化对植被变迁的影响、对自然灾害频发的影响、对生态环境恶化的影响等；但有一点毋庸置疑，气候对农业环境的影响最大。由于农业本身对气候变化的敏感性和脆弱性非常强烈，因此气候变化所带来的问题

对农业发展影响也最大。我国是一个农业大国，也是一个人口大国，气候变化所带来的危害应该是我们应该持续关注的问题。

农业是中国国民经济的基础，农业可持续发展是中国可持续发展的根本保证和领先领域，农业可持续发展就是要使农业具有长期持续发展的能力。由于农业是受气候变化影响最直接、最脆弱的领域之一，因此气候变化成为影响农业生产的重要制约因素。我国是农业大国，人口众多，靠天吃饭，减轻和适应气候变化对农业生产带来的不利影响，尤其是近年极端天气事件带来的自然灾害频发，造成农业生产波动，危及粮食生产安全等事件，事关经济的稳定和可持续发展。西北地区区域广袤，各种地理环境脆弱，主要气候背景以干旱为主，因此对气候变暖的响应更敏感，对气候变化的适应能力更脆弱，受气候变暖的影响程度会更加严重，所造成的经济财产损失也会更加巨大。据此，研究西北地区的气候与农业可持续发展的问题变得十分重要。

第七章 减灾与农业可持续发展

近年来频发的自然灾害一直引人注目。2008 年春天我国南方发生了大范围低温雨雪冰冻灾害，四川汶川发生"5·12"特大地震灾害。2009 年春天我国北方冬小麦主产区以及 2009 年秋季以来，我国云南、贵州、四川等西南部分省市发生长时间持续干旱灾害；农业环境遭到严重破坏，极大影响农业的正常生产，给人类生命和财产带来了巨大损失。据《中国减灾行动白皮书》统计：1990—2008 年的 19 年间，平均每年因各类自然灾害造成约 3 亿人次受灾，倒塌房屋 300 多万间，紧急转移安置 900 多万人次，直接经济损失 2000 多亿元人民币。自然灾害已经成为我国社会经济和农业发展的重要制约因素。因此，研究如何有效防灾减灾以促进农业的可持续发展就显得尤为重要。

第一节 农业发展的灾害风险

农业是国民经济的基础产业，而对于我国这样一个人口大国，农业的健康可持续发展具有更加特别的意义。农业属于弱质产业，本身的抗风险能力很弱。近年来，由于各种自然灾害的频繁侵袭，我国的农业所经受的风险日益严重。认真研究农业灾害风险与农业发展，并有针对性地提出防范农业灾害风险的对策，开展农业减灾，不仅是促进农业稳定持续发展的重要保证，也是构建和谐社会的重要内容之一。

一 灾害风险定义分析

国外学术界和许多重要组织已有长久研究，提出各种各样的"风险"定义（Mitigation，1989；Montz，1997；Smith，1996；Tobin et al. 1987）。在贝克的"风险社会"概念中，风险指的是"处理由现代化本身诱发和带来的危险源和不安全因素的一个系统方法"。瑞士再保险公司将"风险"界定为"有损失可能性的条件"。国内外学者基于不同的研究领域，对风险定义也是多种多样，目前风险仍没有统一的定义，黄崇福的研究中认为风险是某种不利事件有关的一种未来情景模式；自然灾害风险是由自然事件或力量为主因导致的未来不利事件情景（黄崇福，2010）。本书认为灾害风险就是灾害发生的可能性和灾害带来的危害性。可能性就是成灾因子的（种类、时间、频率、强度）发生的可能性，危害性就是对承灾体的损失性。因此，农业自然灾害风险性就是农业生产面临自然灾害发生的可能性及危害性。

二　农业自然灾害可能性

我国农业种植面积大，地理条件和所处的地质比较复杂，农业灾害的种类很多。其中，最常见的农业灾害有洪涝、干旱、冰冻等气象灾害；地震、泥石流、水土流失等地质灾害；农作物病虫害、鼠灾等生物灾害。对农业危害最大的灾害有洪涝、干旱、农作物病虫害这三种。较强的突发性也是农业灾害的典型特征之一。由于气象的不稳定性，天气变化无常，造成农业灾害突发性很强。近年来灾害发生的频率日益增高，我国农业灾害几乎每年都有发生，特别是近 40 多年来，平均每年出现旱灾 7.5 次，洪涝灾害 5.8 次，冰冻灾害 2.5 次，远远超出世界的平均频度，且有逐渐增加的趋势。农业灾害强度大、损失严重。许多重大灾害的强度和给农业造成的损失都是举世罕见的。20 世纪 90 年代初，我国自然灾害造成的农业年均直接经济损失约为世界年均灾害损失的 1/4，每年近千亿元，损失严重。

三　农业自然灾害危害性

农业灾害风险大小的影响因素可从灾害四方面进行分析。

（一）本身的危险性

灾害本身的危险性是指某一地区由于其所处的自然环境、社会经济条件等因素所决定的发生各种灾害的概率和灾害的严重程度，是灾害发生的外因和客观条件。主要的影响因素包括：灾害的强度、灾害发生的频率，以及灾度。灾害发生的次数越多，频率越高，灾害本身的危险性就越大；灾害的强度越大，造成的农业损失也就越多。2008 年 1 月中旬到 2 月中旬，南方发生雨雪冰冻，灾害本身的危险性很高。此次灾害的降水强度为历年最大值，而气温比 2007 年同期低 4 度以上，因此造成的冰冻天数创历史同期最大值，这样大的降水和冰冻强度造成 20 多个省市区受灾，大部分地区农业减灾甚至绝产。因此可知，灾害本身的危险性直接影响着农业灾害风险大小，危险性越高，农业灾害风险越大。

（二）灾种的多发性

我国处在全球季风气候显著、自然灾害发生频繁的区域。农业又是受自然灾害危害程度最大的产业。具体而言，影响我国农业的灾害类型几乎涉及绝大部分灾种，包括水灾、旱灾、台风、风暴潮、雷暴、冰雹、雪暴、低温冷害、沙尘暴、崩塌、滑坡、泥石流、水土流失、森林草地病虫害、鼠害以及恶性杂草等。可以毫不夸张地说，在我国有农业生产的地方，几乎都会受到不同灾害、不同程度的影响。

由于人类不合理活动的加剧和生态环境的持续恶化，导致了近千年来灾害的发生频率呈现出逐渐增大的趋势。根据研究，我国每年水旱灾害的发生频率，隋代为 0.6 次，唐代为 1.6 次，两宋为 1.8 次，元代为 3.2 次，明代为 3.7 次，清代为 3.8 次，而近几十年来，平均每年出现水灾 5.8 次，旱灾 7.5 次。从这组数据的变化中，不难发现灾害的发生频率在逐渐增多，灾害的频繁发生对我国现代农业影响巨大。

（三）影响的广泛性

我国农业灾害影响的地域十分广阔。根据《中国 1∶1 万的土地资源图》，我国目前实有耕地面积约为 1.33 亿公顷，其中水分得到控制的灌溉耕地面积仅约为 0.48 亿公顷，只占耕地总面积的 36%，而约有 0.53 亿公顷的耕地，没有灌溉条件，"靠天吃饭"，粮食生产产量低，极易受到水旱等各种灾害的侵扰。我国后备耕地资源面积约为 0.34 亿公顷，是现有实际耕地面积的 1/4，但是这些后备耕地资源的 97% 以上都受到水旱等各种灾害的限制和影响。因而我国农业每年不可避免地受到各种灾害带来的不同程度的影响，对农业的持续稳定发展造成了严重的危害。

（四）灾害的巨损性

灾害的发生频率逐渐变大，而且灾害造成的损失也十分巨大。新中国成立以来，灾害每年平均造成的农业受灾面积与成灾面积分别达到 4000 多万公顷和 2000 多万公顷，且受灾面积呈现上升趋势（见表 7 - 1）。严重影响我国的粮食生产。1996 年为近 8 年来灾情最轻的年份，粮食损失达 200 亿公斤，8 年中有 4 年粮食损失超过 500 亿公斤，2000 年高达 779 亿公斤。造成的直接经济损失均达 1000 亿元左右（见表 7 - 2、表 7 - 3）。在影响我国的自然灾害中，旱灾是对农业生产危害最大的灾种，每年因旱灾损失的粮食占气象灾害损失粮食总数的一半以上，水旱灾害造成的损失达85%。1997年、2000年和2001年属特大干旱年,旱灾造成的粮食损失分别占到粮食总产量的9.6%、13%、11.8%。农业灾害的频繁发生直接影响农民收入的稳定增长。由于农业灾害的影响,作物种了毁、毁了种,加之种植效益低下,农民从事农业生产的积极性受到严重挫伤。面对日趋严重的农业灾害问题,中国农业的持续发展和中国的粮食与人口、社会、经济发展保持同步增长。唯有开展农业减灾,发展减灾农业,才能实现。

表7-1 1950—2009年平均每年造成的农业受灾面积与成灾面积 单位:万公顷

时　段	受灾面积	成灾面积
1950—1959	2225	926
1960—1969	3760	1773
1970—1979	3767	1158
1980—1989	4155	2038
1990—1999	4950	2500
2000—2009	4616	2553

资料来源:根据中国统计年鉴数据整理。

表7-2 全国气象灾害造成的粮食和农业经济损失情况

年份	灾害发生			损失情况	
	受灾(万公顷)	成灾(万公顷)	绝收(万公顷)	粮食(亿公斤)	经济损失(亿元)
1996	4698.9	2123.3	535.8	200	
1997	5342.9	3030.9	642.9	744	980
1998	5014.5	2518.1	761.4	300	1400
1999	4998.1	2673.1	679.7	350	
2000	5469.0	3437.0	1015	779	1000
2001	5221.5	3179.3	821.7	703	1000
2002	4711.9	2731.9	655.9	458	930
2003	5466.3	3267.6	854	540	1320

资料来源:王道龙、钟秀丽、李茂松:《20世纪90年代以来主要气象灾害对我国粮食生产的影响与减灾对策》,《灾害学》2006年第21期。

　　改革开放以来，我国各种灾害的频繁发生不仅对我国农业造成了巨大的损失（见表 7 - 3、图 7 - 1），还直接影响到我国粮食产量的产出波动和其增长幅度，并间接影响到我国国民生产总值的增长幅度，在未来几年内，随着生态环境整体上进一步恶化，我国还将面临农业灾害高发、灾情加重的严峻形势。所以，频发的灾害已经成为我国农业持续稳定发展的重要障碍性因素，因而，发展减灾农业，开展农业减灾就成为实施我国可持续发展战略中的一项紧迫任务。

表 7 - 3　　　　1999—2003 年不同灾种的发生与造成的粮食损失情况

	灾害发生（万公顷）			粮食损失（亿公斤）	占损失粮食总数的百分比
	受灾	成灾	绝收		
干　旱	3124.5	1896.2	478.1	288.7	57
洪　涝	1083.3	655.3	206.8	141.8	28
风雹灾	544.4	305.1	77.3	45.6	9
低温冻害	422	198	43.1	30.4	6
合　计	5174.3	3054.7	805.3	506.5	100

　　资料来源：王道龙、钟秀丽、李茂松：《20 世纪 90 年代以来主要气象灾害对我国粮食生产的影响与减灾对策》，《灾害学》2006 年第 21 期。

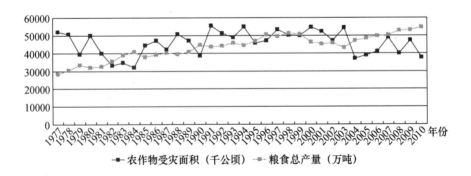

图 7 - 1　1977—2010 年中国农作物受灾面积与粮食产量的动态比较

　　资料来源：《中国统计年鉴（2010）》，中国统计出版社 2010 年版；《新中国六十年统计资料汇编》，中国统计出版社 2010 年版。

四　农业本身的脆弱性

　　农业本身是农业灾害的承载体。我国农业是一个弱质产业，这不仅因为农业生产的资金、技术含量较低，易于受社会政治经济因素变动的冲击，而且还在于农业生产是一个开放的生产系统，自然界各类因子直接对农业产生影响，特别是在农业灾害威胁下，农业生产显得异常脆弱。因此农业本身的脆弱性是指在一定的农业生产方式与社会经济背景下，特定区域的农业系统（承载体）对灾害威胁的敏感程度，是灾害发生的内因和基础。农业灾害的脆弱性一般会受到农业本身的因素和农业环境经济因素的共同影响。

第一，农业本身因素方面。影响农业灾害的脆弱性的农业本身的因素主要强调的是农业本身的抗风险能力。如粮食作物本身的抗倒伏能力、抗病害侵袭能力等。一般来说，农业本身的抗灾害风险能力越强，农业灾害的脆弱性越差。第二，农业环境经济因素方面。主要是指农业本身之外的要素，一般包括农民人均收入、农业基础设施等。农民人均收入的水平直接影响着农业生产和基础设施建设投入的多寡。农业基础设施是农业灾害的第一道防线，基础设施越完备、程度越高，农业灾害的易损性就越弱。农业产值是农业灾害破坏的直接对象，农业产值越大，受灾时损失就可能越多。

根据农业灾害的危害性和农业本身的易损性特征，急需农业产业应急能力水平建设。农业应急能力水平建设是一个地区对某一种或多种灾害的预测、防御、救护及恢复能力的总和。包括灾害预测与预警能力、农业工程防御能力、灾害救援能力等多方面的内容（刘旭等，2010）。农业产业应急能力水平越高，农业灾害的风险越小。农业的稳定和可持续发展对抵御自然灾害的能力要求越来越高。如果不重视抗灾减灾，增强产业的应急能力，农业因灾损失将是一个巨大的数额。因此，必须采取一系列提高产业应急能力水平的措施，提高农业的抗灾减灾能力。这是我国农业面临的一个长期而严峻的任务。

第二节　农业发展的灾害胁迫环境

西北地区包括陕西、甘肃、宁夏、青海、新疆五省区，总面积303万平方公里，占全国国土总面积的32.1%。该区域地形复杂多样，存在着平原、高原、山地、绿洲、沙漠、草地等不同生态环境类型。近代以来，由于人口增加过快，农民收入不高，许多地区处于贫困状态，农业生产方式落后，加上长期不合理的农业经济开发，对西北地区水、土、林、草等自然资源造成过度开发和掠夺，导致农业发展面临更加严峻的生态问题与灾害胁迫环境。

一 农业生态环境恶化

西北地区地质环境复杂多样，生态的敏感性和环境的脆弱性矛盾突出，西北地区历来就是自然灾害的高发区，各种气象灾害、地质灾害、生物灾害屡屡发生。严峻的农业生产环境成为西北农业发展的一道难以逾越的屏障。因此如何发展减灾农业，成为西北地区农业经济快速增长和农村社会平稳发展亟待解决的问题。西北地区农业生态环境恶化最突出的表现就是水土流失加剧，这一点在黄土高原地区尤为突出。有关资料统计：全区水土流失面积已超过33万平方公里，仅陕西、甘肃每年流失的氮、磷、钾就相当于1000多万吨化肥，年流入黄河的泥沙13.58亿吨，占年输入黄河泥沙总量的84%以上；黄河下游泥沙堆积4亿吨，来自陕西的占50%。陕西省土壤侵蚀模数大于10000吨/平方公里，灾害性水土流失面积4.4万平方公里，占陕西总面积的21.4%。沙漠化加剧也是生态恶化的表现之一。地处干旱半干旱地区的及干旱地区的绿洲边缘土地，降水量仅50—600毫米，加上人为破坏，并且沙化面积不断扩大，目前沙漠化面积已达3200万公顷，占全国沙漠化面积的2/3。严重影响了农牧业生产，从1985—1992年因土地沙化造成的经济损失年达1355.97万元（彭珂珊1994）。草场破坏严重，且人为干扰十分突出。比如，新疆可利用的草原急剧减少，已由60年代的0.504亿公顷减少到1992年的0.394亿公顷。新疆因草场退化年损失达18亿元。西北地区的生态问题还表现为绿洲农业快速萎缩，森林面积急剧减少，土壤植被破坏严重，盐碱化面积进一步扩大。

日趋恶化的农业生态环境对农业发展极为不利，并且已经成为农业经济发展，农民增收的沉重负担，对维护农村稳定、民族繁荣、边疆安全构成了严重威胁。

二 农业水资源短缺

西北地区由于气候干旱，降水稀少，水资源短缺，农业用水问题严重，直接制约农业的持续发展。西北地区属于干旱半干旱气候，无论是水面还是地面，植被还是土壤，蒸发蒸腾都十分强烈，大部分平原年蒸发量为1500—2000毫米，且在几个盆地中部形成高值中心。干旱的气候特征导致西北地区降水稀少，地均拥有水量极低，且区内降水以暴雨为主，雨季洪水含沙量大，开发利用极为困难。另外，部分地区的地表水和地下水水质较差，难以直接利用。在西北内陆区，由于夏季受不同方向暖湿气流影响，降水最多，春、秋季次之，冬季最少，这种气候特征使得5—9月降水量占年降水量的80%左右，其中祁连山、天山和柴达木盆地西缘大于90%（张宗祜等，2002）。导致该区水资源时空分布极为不均。在水资源丰富的高山、荒漠及盆地周边山区，人口稀少且难以开发利用，而在人口聚集的盆地及平原地区，水资源却极为有限。由于灌溉用水过度，农业用水效率极低，2003年西北地区农田灌溉亩均用水量为769.3立方米，而全国的亩均用水量为423.6立方米，远远高于全国的平均水平，导致农业用水困难加剧。西北地区由于人口和水土资源不平衡，导致有些区域过度开发利用水资源，开发利用率远超出水资源承载力的极限，例如，甘肃河西走廊的开发利用率为92%，其中石羊河为154%，黑河为112%；新疆的塔里木河为79%，准噶尔盆地为80%（中国工程院"西北水资源"项目组，2003），这样导致农业用水出现危机。另外，由于工业排污和农药、化肥施用量的增加，西北地区不少河流受到严重污染，水质不断恶化。根据2002年资料，西北地区水环境受严重污染和中度污染的地区，人口已占总人口的79.1%。内陆河流域没有排污入海的出路，水环境污染更为严重。加之西北地区区域灌溉技术和设施落后、管理粗放，农业用水浪费较大，农业用水占基本总供水量的60%—90%（见表7-4）。目前仍普遍采用大水漫灌的农田浇灌方式，喷灌、滴灌比重很小，加之水利设施不配套、土地整理差，造成水资源的大量浪费。农业用水问题严重，直接制约农业的持续发展。

表7-4　　　　　　2011年西北五省供水量和用水量统计　　　单位：亿立方米

省级行政区	供水量				用水量				
	地表水	地下水	其他	总供水量	生活	工业	农业	生态环境	总用水量
陕 西	54.5	32.7	0.5	87.8	16.2	13.2	56.2	2.1	87.8
甘 肃	97.0	24.4	1.4	122.9	10.6	15.4	93.8	3.0	122.9
青 海	25.8	5.3	0.1	31.1	3.7	3.5	23.5	0.5	31.1
宁 夏	68.0	5.6	0.0	73.6	1.9	4.6	66.1	1.0	73.6
新 疆	425.0	97.8	0.8	523.5	13.8	12.6	488.4	8.7	523.5

资料来源：根据中华人民共和国水利部《2011年中国水资源公报》数据整理。

三 农业灾害环境明显

西北地区进行农业生产，自然灾害是首先考虑的因素。历史时期西北地区气象灾害、地表灾害、生物灾害等自然灾害频发，对农业生产造成严重危害。西北地区农业灾害环境明显，农业灾害风险严重。农业灾害环境研究有助于进一步揭示自然灾害发生的频率性和发展的规律性，对开展有效和明确减灾有着重要启示作用。

（一）灾害品种繁多

西北地区发生的农业灾害几乎囊括了所有自然灾害类型，概括起来主要有九种，分别是干旱、水涝、冰雹、霜雪冻、风沙、地震、滑坡泥石流、虫类、瘟疫、畜疫及禾病植病等。从灾害对农业的影响进一步分类，又包括农业气象灾害（干旱、水涝、冰雹、霜雪冻）、农业生物灾害（虫类，瘟疫、畜疫及植物病害）和农业环境灾害（风沙、地震、滑坡泥石流）三大类型。

（二）旱灾危害最重

西北地区众多自然灾害中，虽然雹灾和风灾，洪涝、滑坡和泥石流时有发生，但旱灾发生最为频繁、次数最多、季节性最为明显、受灾面积最广，是西北地区的最主要的自然灾害。从 2009 年西北地区水旱灾害受灾面积就可以直接体现出来（见表 7-5）。在 2009 年旱灾成灾率除甘肃省外，均接近或超过 50%。由于西北地区地处内陆干旱半干旱的大陆性气候带，受海洋性气候影响较弱，年降水稀少，气候干旱，旱灾发生率居高不下。晋、甘、陕黄土高原地区，历来是我国旱灾的重灾区，"十年九旱"或"年年有旱灾"。据统计：西汉至民国的 2200 多年间，西北地区共

表 7-5　　　　2009 年西北地区水旱灾害受灾面积对比　　　单位：万公顷

省份	受灾面积	成灾面积	比重（%）	水灾		旱灾	
				受灾面积	成灾面积	受灾面积	成灾面积
陕西	1221	571	46.8	61	25	800	333
甘肃	1881	669	35.6	110	60	1542	495
青海	160	74	46.5	13	4	34	17
宁夏	366	127	34.7	30	15	308	106
新疆	1244	778	62.5	9	4	540	366

资料来源：《中国统计年鉴（2009）》，中国统计出版社 2009 年版。

发生旱灾 1400 多次（2008）。自 1949—1995 年的 47 年间，陕西省共发生全省性和大范围干旱 51 年次，其中 50 年代 7 年次，60 年代 11 年次，70 年代 12 年次，80 年代 14 年次，70 年代前期 5 年次，呈越来越频繁的递增趋势，均三年两小旱，七年一大旱。

旱灾带来的危害主要包括：耕地面积减少，粮食减产或绝产，人畜饮水困难，作物不能及时下种。近些年来，西北内陆地区，诸如祁连山等山区由于水源涵养林遭到大面积砍伐，加之全球气候趋暖，高山冰川过度融化，雪线上升，冰川后退，水源地缩小，地表径流减少，干旱程度进一步加剧。如甘肃河西走廊，近 30 年因缺水灌溉，已弃耕农田 12 万公顷。如果不积极采取减灾技术措施，千年建设的绿洲和千万顷良田将会消亡（何爱平，2001）。由于旱灾频发，常常导致作物枯死，粮食减产或绝收。陕西从 1979 年 9 月至 1980 年 5 月连续"双百日"大旱，烈日炎炎，土地龟裂，塬区作物全部枯死，是新中国成立以来因灾粮食减产最多的一年，减产粮食 333.7 万吨（彭珂珊，2002）。2009 年春，我国北方小麦主产区出现了严重干旱，受灾时间之长、范围之广、影响之大，可以说新中国成立以来，非常少见，全国农作物受旱面积 1.63 亿亩，比常年同期多 1.1 亿亩。据有关专家估算，这次旱灾冬小麦大约减产 5.8%，减产在 530 万吨左右。西北四省区灾情相当严重（见表 7-6）。有关统计表明 1950—2006 年因旱灾累计损失粮食 17561.7 亿斤，占我国各种自然灾害累计损失粮食的 68.4%。旱灾成为影响我国粮食生产最为严重的自然灾害，并且是造成粮食减产的主要原因，对我国粮食安全形成了极大威胁。

表 7-6　　　　　　　　2009 年春季西北旱情统计　　　　　　单位：万亩

省份	陕西	甘肃	宁夏	青海
区域	全省九市	全省	宁南山区	青海湖（刚察、共和、同仁）
受灾面积	1149	1500（重灾 600）	70	49.5
受灾作物	冬小麦冬油菜	冬小麦，冬油菜	冬小麦	225 万亩草场

（三）饮水播种困难

西北地区水资源极度短缺，遇上大旱，极容易造成人畜饮水困难，严重威胁农民正常社会生产。如宁夏著名的中部干旱带，2009 年春季持续干旱造成 16.4 万人口，7.9 万头大家畜，128 万只羊不同程度饮水困难

（蒋和平等，2009）。旱灾的持续发展极大地影响了春播的正常开展。2009 年甘肃省春播作物面积约 3200 万亩，受旱面积达 1000 万亩。

第三节 发展减灾农业的技术方向

减灾农业是在"国际减灾十年"倡议行动过程中提出来的。就其内容而言，是指具备一定减灾能力的农业。减灾农业核心内容主要是指运用现代科技手段，加强对各种危害农业动植物、破坏农业生产环境的灾害事件的监测预报，在灾害发生之前或发生时采取有力的技术措施，增强农业的防灾抗灾能力，减少灾害的发生，从而减少灾害带来的损失。由于西北地区区域广袤，农业发展水平很不平衡，在生态脆弱、水资源匮乏和干旱长期胁迫下，实施那些生态治理措施避免农业环境恶化，选择何种技术方式发展减灾农业显得尤为重要。

一 以抗旱防灾为主

西北地区农业发展受自然灾害影响十分明显，由于农业本身的弱质特性，易受自然界各种因素的干扰，特别是受旱涝、冰雹、雨雪、虫类等侵扰，严重时导致粮食减产乃至绝产。根据西北地区灾害发生频率和危害来看，旱灾是主要灾害。因而西北地区发展减灾农业的首要目的就是选择合理抗旱技术措施保持粮食稳产或者促进粮食增产。

西北地区的灾害具有明显的季节性特征。如雨雪冰冻灾害出现在冬春时节，春夏之交多暴雨、洪涝灾害。旱灾中，季节性最为明显的是西北地区春旱。此外，春夏连旱、夏秋连旱、秋冬以及冬春连旱也经常发生。农业生产具有强烈的季节性，灾害出现在农作物生长期的农业危害就更为严重。2009 年初的北方大旱的主要危害就是由于秋冬春连旱，冬小麦正处于生长发育阶段。以陕西为例，自 2008 年 11 月下旬至 2009 年 1 月上旬，全省呈现降水稀少，温度偏高的气候特征。全省大部地区降水都在 10 毫米以下，延安东部、关中东部地区基本无降水。与历年同期降水相比，全省大部分偏少 9 成以上，榆林、关中西部、汉中西南部及安康南部偏少 1 至 8 成。西安自从入冬到次年 1 月，持续两个月没有降水。这种现象自 1951 年有气象记录以来非常少见。甘肃更是达到了 110 天没有有效降雨的记录。长时间持续干旱少雨对农业形成了极大的威胁，因此西北地区发展减灾农业就必须把抗旱防灾作为重点来抓，选择的减灾农业技术措施主要是围绕抗旱防灾为主。比如在干旱的雨养农业区域，通过发展旱作农业技术，调整农业种植结构，增施有机肥，采用秸秆、薄膜覆盖、耕作保墒等旱作农业技术，把天然降水蓄好、用好，使有限的水资源得到合理利用，有效减轻干旱少雨对农业所造成的危害。

二 要因地制宜

西北地区干旱灾害的危害普遍性很强，但是区域性、小流域性干旱的特点也很突出。农业灾害是自然灾害系统与农业经济系统交互作用的结果，由于西北区域广袤，存在诸多如平原、高原、山地、绿洲、沙漠、草地等不同环境类型，受气候、水资源、地理、经济、民族、社会等因素影响，决定了西北地区的农业发展必然不平衡，存在区域特征差别和生产方式多样化；因此，西北地区农业技术发展类型必然也存在区域化、多样化和不平衡的特点。不同区域由于其灾害类型和农业对象、农业生产布局及生产条件的差异，形成了西部农业灾害经济区域分异。如雨雪冰冻灾害主要发生在新疆、甘肃、青海及内蒙古的高原旱区；干热风主要发生在河套平原、河西走廊及新疆绿洲地区；沙漠化主要发生于农牧交错地带的半农半牧区；水土流失主要产生在山地丘陵和陡坡耕地上以及黄土高原丘陵沟壑区。因此开展农业减灾要突出重点，因地制宜，兼顾防止其他农业灾害的发生。

三 要突出区域模式

从农业技术类型来分，西北地区可分为雨养农业区域、绿洲农业区域、高寒山地农业区域、灌溉农业区域。这四大块区域农业发展面临的共性问题就是生态恶化加剧，干旱威胁不断，水资源短缺严重。近现代以来，由于人口的激增，土地承载力低，加上资本短缺和农业技术落后，许多地区仍然在农业开发上急功近利，采取粗放耕作的经营方式。不计成本的农业开发后果就是导致生态环境加剧恶化，诱发各种自然灾害的发生。因此在各区域发展农业就要因地制宜，在可持续生态环境前提下，采取发展减灾农业和生态治理相结合的现代减灾模式，改变以往的被动受灾后再去减灾的模式，变被动为主动。在灾害的环境之下，以采取主动抗旱为目标，最终实现农业的稳产乃至增产，达到减灾的目的。

以水资源缺乏的雨养农业区域为例，要改变以往靠天吃饭的旧习，就要主动发展集水农业。集水农业主要立足于自然降水规律，通过工程措施、生物措施以及农业措施和设施农业技术相结合的原理，就地拦截并蓄存通常以径流形式流失的雨水，在作物需水关键期或严重干旱时输入农田，供给作物生长。集水农业的减灾功效就是不用改变原有背景环境，无须修建大型水利设施，主要利用拦截雨水或者是收集雨水来发展农业。在陕北黄土高原和甘肃的一些丘陵地带通过开凿水窖，收集夏秋季节的雨水，不但能有效减轻春旱带来的威胁，还解决了干旱引发的人畜饮水难题。在生态脆弱的黄土高原地区实施集水农业具有明显的抗旱减灾效果。此外该区域通过坡地改梯田，不但能有效收集雨水，还能有效缓解水土流失，对改善和修复农业生态环境起到了积极作用。同样在水源相对充足的灌溉区域，由于近年来干旱不断，地表径流急剧减少，地下水位急剧下降，农业灌溉需水受到很大影响。因此自此区域发展减灾农业主要通过发展节水农业来实现。例如关中平原灌区，在干旱时期通过实施节水农业收到了明显的抗灾效果。节水农业主要是采取水利、农业、生物、经营管理等多种措施进行科学的组合，形成了一个综合的节水技术体系，主要是利用渠道防渗、管道输水以及喷滴灌、薄露灌溉等先进的灌溉技术，节水减灾作用十分显著。事实证明通过渠道防渗可减少渠道漏水损失 50%—90%；井灌区采用低压管道输水可以节水 20%—30%；喷灌和滴灌比地面常规灌溉可节水 40%—50%；采用地膜覆盖进行膜上灌可节水 50% 以上。通过节水农业技术措施的实施，不但能有效避免水资源不足带来的威胁，并且在有旱之年，对于粮食稳产或者增产能起到重要的支撑作用，具有明显的抗旱保收功效。

第四节　发展减灾农业的政策建议

　　农业是我国的立国之本，农业减灾是我国减灾行动的重要组成部分。因此发展减灾农业来实施农业减灾是我国实现农业可持续发展的重要保障。基于目前西北地区农业生态环境持续恶化和灾害频发，减灾农业应该给予充分关注和政策支持。

一　农业防灾思想不能放松

　　由于生态环境整体性的脆弱，西北地区还将面临农业灾害高发、灾情加重的严峻态势。灾害频发已经成为西北地区农业发展的严重障碍。因此防止各种灾害频繁发生及其危害成为实施西北农业可持续发展战略中的一项紧迫任务（朱晓华等，2002）。换言之，灾害对我国农业的影响不仅过去、现在存在，在不能摆脱生态环境对农业束缚地位的未来几十年甚至上百年内，由于承灾、防灾、抗灾、救灾能力低下等多种不利因素，灾害对农业可持续发展的影响必将长期存在。因此要大力宣传农业所面临的严峻灾害形势，使人们对农业减灾的重要性迫切性达成共识，产生强烈的危机感，把发展减灾农业当作一项需长期坚持的任务来抓。

二 加大科技减灾研究

依靠科技，减轻农业灾害带来的损失是减灾农业发展的方向。经过多年努力，我国农业科技人员研发了一批针对性强、效果显著的农业减灾实用技术。比如，采用洪水再生稻技术，可减少洪涝灾害当季40%以上的损失；采用膜侧抗逆栽培技术，防御季节性干旱，能够减少损失10%以上；通过适时早播避灾技术，使其安全度过伏旱，能保证丘陵山区玉米生产的可持续发展；采用人工消雹技术，可减少雹灾损失80%以上；喷施抗低温助长剂可有效减轻低温冷害。在农业减灾的基本对策上，要以科学技术为根本，把科学技术的研究、开发和运用贯穿于减灾防灾的全过程中。科技减灾特别是培育抗灾品种（耐旱、耐低温、抗病、高产、节水、防虫）作为减灾的根本手段（祝美群，2001）。西北地区发展农业减灾，必须以科技创新为主，进一步加大集水农业、节水农业和生态农业相关科研的投入，加快农业科研减灾成果的转化速度，加大科技减灾农业成果的推广力度，把西北地区的防旱减灾的科技含量提高到一个新水平。

三 加强减灾系统建设

在西北地区干旱灾害持续威胁下，要加强减灾系统建设，首先要加快旱情监测预报系统建设步伐。利用先进的科学技术和手段，开展形式多样的农业灾害气象预警预报工作。加强对严重性、灾害性、转折性天气的监测预报，及时掌握旱情，预报旱情的发展趋势，为政府决策指挥提供信息和参考。其次要构建系统抗旱减灾服务体系，提供优质的抗旱服务。一是增强服务功能拓宽服务领域。及时维修各种抗旱设备，保证抗旱急需。无水源条件的地方，可发挥自身优势，积极采取与水土保持相结合的农业措施，如深翻、松土保墒、农膜覆盖，耐旱作物及抗旱科技的推广等抗旱服务。二是强化服务网络，壮大服务规模。要逐步形成以县级抗旱服务队为主体，乡、村抗旱服务组织为基础，横向联合，纵向指导。延伸扩大社会化抗旱服务网络体系。同时开展提供信息和宣传服务不断进行节水灌溉新技术、雨水集流新技术、旱作农业技术、墒情测报技术及各种抗旱设备经销、技术咨询、人员培训等方面的技术服务，帮助农民解决抗旱减灾过程中的难题。

四 完善减灾管理体制

开展农业减灾，不仅要健全减灾系统工程建设，也包括减灾管理部门的有效配合。减灾管理是一项决策性社会系统工程（程延年，2001）。水利部门要充分发挥水利工程减灾作用，优化水量调度，使有限水源发挥最大抗旱效益；气象部门密切监视天气变化，及时做出气象预测、预报；财政部门及时安排抗旱资金，保证各项抗旱措施的顺利实施；电力部门为抗旱用电提供保障。各部门密切协作配合成为抗旱减灾的重要保障。针对西北地区干旱的常发性和旱灾危害的严重性，各级政府管理部门在密切配合的同时，也要重视旱灾发生时应急措施的制定和抗旱预案。这些应急措施应在非旱时期，在抗旱减灾主管部门协同有关部门及社会团体积极参与下，预先制定一个地区出现潜在的干旱时，政府部门在资源配置和减轻灾害不利后果方面的应急计划，与干旱发生时的抗灾措施和临时反应相比，这是一项更周密有效的防旱减灾管理措施。各级抗旱预案的编写，可以增加农业减灾的明确性和实效性，确保减灾农业能够有条不紊地顺利开展。

五 重视农村减灾工作

发展减灾农业，开展农业减灾，乡村是主战场，农民是主力军，而政府管理部门要起到决策、引导和服务的作用。但在现实农业减灾中，政府往往错位，大事小事一起管，效果往往不佳。主要原因与农民对待农业减灾的热情不够，积极性不高有关。究其根本原因，在与农民由于经济和科技实力较弱，本身没有足够的能力去预防和整治，认为政府才是抗旱减灾的主体。从宝鸡山地区域的农民来看，70% 以上的山区居民认为应对旱灾进行提前预防，大部分的居民认为旱灾的预防应由政府部门、个人及非政府机构共同负责。只要政府的行为是从群众利益出发，能为大众谋取福利，就会有 87% 以上的居民愿意配合政府共同治理旱灾（郁耀闯，2008）。可见，农民的依赖意识还是很强。另外也可以这样理解，由于宝鸡山区许多小型水利工程是在 20 世纪五六十年代修建的，经过几十年的运行后，年久失修，人为破坏严重，抗旱供水效果明显下降；再加上山区经济欠发达、底子薄、基础差、山区农民的耕地分散等因素，导致山区作物种植成本相对偏高。许多工程，个人无力组织人力、物力进行修缮。面对这些困难，农民在抗旱减灾行为上往往表现出心有余而力不足，表现出一种消极的态度。面对 2009 年大旱，水利工程较好的关中平原灌区的一些农民浇麦抗旱的积极性也受到影响。原因就在于抗旱成本高，而小麦种植的收益低。有农民算了笔"经济账"，抗旱浇麦的成本（水、电、油、化肥）大于其预期收益，因而不愿意积极抗旱。甚至有农民认为：出外打工挣一个月的工钱就够买一年的粮食，不用去抗旱。看来种粮收益过低在很大程度上影响了农民抗旱减灾的积极性，对发展减灾农业起到了消极作用，应当引起相关政府部门的高度重视。

第五节　发展减灾农业，促进农业持续发展

在西北地区农业生态环境不断恶化、干旱灾害频发的态势下，加强农业减灾，加大发展减灾农业已成为当务之急。在发展减灾农业过程中，首先要紧紧围绕保护生态环境这个前提，大力开展植树造林，保持水土，防止土地退化和荒漠化进程，进一步涵养水源。防止气候干旱化趋势，减少异常天气现象的发生和防灾减灾的目的。其次政府要针对不同区域环境和频发性灾害，因地制宜地开展减灾农业，科学利用气候资源，发展"两高一优"的立体生态旱作农业；科学管理和利用有限的水资源，进一步发展节水灌溉农业。在干旱缺水区域，继续探索和发展集水农业，增强农田的抗旱性。

在发展农业减灾过程中，要有长期防灾的思想，进一步加强对农业灾害的监测和预报，进一步提高科技减灾能力，加强减灾系统建设，不断完善政府减灾管理水平，尤其是乡村的农业减灾。重要的是政府应该做好抗旱减灾规划。要创新农业防灾减灾工作思路，完善行政推动机制，在关键农时，对重点区域开展工作督导和技术指导，充分发挥政策和技术的减灾增产作用。

此外要积极宣传抗旱减灾政策，引导农民积极开展减灾。始终重视宣传发动、舆论引导和动员组织，面对农业重大自然灾害，通过报送信息、下发通知、舆论宣传等方式，及时反映灾情动态、灾害影响，以及抗灾部署、措施落实和减灾成效等情况，营造重农抓粮、减灾增粮的良好氛围，

引起各地重视和社会关注，动员农业部门迅速行动，对掀起抗灾救灾热潮、争取出台和落实政策发挥了重要作用。政府要重视农田水利基础设施建设。不断修缮减灾工程措施，切实做好农民种粮补贴工作，从政策、机制上提高粮食收购价格，从根本上提高农民的实际收入。只有这样，才能不断增强农民防灾减灾的主体意识，提高农民种粮生产的积极性，对于维护农村稳定、农民增收和发展减灾农业有着重要的推动作用。

总之，减灾就是增产。因为发展减灾农业就意味着农业有增产稳产的可能，因此从这个意义上说：在灾害环境严重威胁下，发展减灾农业是农业可持续发展的重要保证之一。

第八章　区域生态治理与农业可持续发展

西北地区农业生态环境脆弱，农业发展受气候变化和自然灾害等因素影响，搞好生态环境保护恢复和建设就成为西北地区农业发展的根本保障。本章以生态脆弱理论和生态恢复学原理作为西北地区资源环境建设和保护的指导，以农业技术措施作为途径对此进行论述。从农业技术类型来分，西北地区可分为雨养农业区域、绿洲农业区域、高寒山地农业区域、灌溉农业区域。这四大区域生态退化带有相当的普遍性，四大区域中的生态环境问题有着各自不同的特点，表现出明显的区域差异性。本章研究以区域经济学原理和生态治理制度为指导，主要选取生态环境脆弱的雨养农业区域和绿洲农业区域的发展概况和突出的生态问题加以研究。选择合理恰当的农业技术进行区域生态治理，期待获得西北地区农业可持续发展的现代模式。

第一节　生态环境脆弱的区域评介

一　生态脆弱区内涵与识别

西北地区生态环境总体脆弱已是不争的事实。生态环境脆弱主要体现在对环境因素反应敏感，维持自身稳定度可塑性较差，容易发生不利于人类利用变化的生态环境（毕于运等，2008）。研究环境脆弱区是为了人类社会的可持续发展服务。

生态系统稳定性较差的地区，由于生态系统间的稳定程度不同，面对同等的自然变化和人类干扰，这时该系统往往会出现失衡状态或较强的失衡状态，因此生态系统较差的地区容易成为环境脆弱区；生态过渡带或交错区通常含有若干接近于它们忍耐极限的生态因子，对于自然和人类活动引起的环境条件的改变，生态系统已发生改变或者恶化瓦解，因此一般来说，不同地域单元的生态过渡地带或交错区多为环境脆弱区；由于生态系统受自然条件和气候环境影响和变化较大，在农业生产活动中表现为农业产出水平不稳定，时常成为自然灾害多发地，因此农业生产水平波动较大尤其是自然灾害频发的地区一般属于环境脆弱区。此外，系统综合生产能力较低的地区最有可能成为环境脆弱区，从人类开发利用自然资源的角度出发，土地人口承载力较低的地区也最有可能出现环境脆弱现象。生态退化地区是毋庸置疑的生态脆弱区，生态脆弱区域有潜在生态退化趋势，但是生态脆弱区并不一定表现为生态退化。生态退化是生态弱化的现实表现，当人口超载和资源利用强度超过系统抗干扰能力后，生态脆弱便会呈现生态退化，因此生态退化区就是事实环境脆弱区。此外根据与经济和社会发展水平的高低，经济贫困的农村一般是生态脆弱区，虽然经济贫困和环境脆弱不能等量齐观，但是西北地区生态退化往往和经济贫困交织在一起，因此经济贫困区大多是环境脆弱区。从广义的环境定义出发，环境容量较低的地区也是环境脆弱区，尤其是那些环境污染比较严重和面临环境污染的地区。

二　生态环境脆弱区域差别

由于西北地区干旱缺水，整体环境十分脆弱，在长期历史环境演变中，特别是人类不合理的因素影响，生态脆弱趋势加重，主要体现在生态退化现象十分突出。生态退化因素主要有干旱缺水、植被退化、水土流失、土地沙化、土壤盐碱化、环境污染等。西北地区根据地理环境、气候条件，水资源利用和农业发展类型等条件，可分为雨养农业区域、高寒旱地农业区域、绿洲农业区域和灌溉农业区域（见表 8-1）。

表 8-1　　　　　　西北地区农业发展区域生态环境脆弱表现

农业类型	区域	脆弱环境表现
雨养农业	陕、甘、宁	常年干旱缺水、森林草场退化、土地利用不合理水土流失严重
绿洲农业	新、甘、青	水资源过度开发、冰川资源减少、土地盐碱化严重
灌溉农业	陕西渭河平原 宁夏河套平原	水资源相对短缺、水土资源污染严重、土壤盐渍化严重
高寒旱地农业	甘肃、青海	气候高寒、阶段性干旱、霜冻灾害频发、草地退化、土壤贫瘠

从表 8-1 可以看出西北地区的环境脆弱区域基本上有着不同的特点，

雨养农业区域环境脆弱主要表现在水土流失严重；高寒干旱地带主要是气候高寒，霜冻灾害危害严重；绿洲农业体现的是水资源的利用和带来的盐碱化问题严重；而灌溉区域主要是水资源的短缺和水土污染问题。针对上述问题，在社会经济发展过程中，采取何种生产技术措施，既能保护生态环境，又能促进农业的可持续发展成为西北地区亟须解决的问题。本书选取雨养农业区域和绿洲农业区域加以研究。

第二节　雨养农业区域农业发展模式选择

雨养农业是与灌溉农业相对而言的，是指非灌溉农业，完全依靠降雨，在任何时候都不进行灌溉。雨养农业和旱作农业的概念不同，更不是旱作农业的同义语。如果单纯从年降雨量来说，雨养农业区域的降水量有的很少，有的却很多。干旱地区的雨养农业因降水不足、分布不均，主要重视的是保蓄水分。西北雨养农业主要集中在陕北黄土高原地区、甘肃陇东地区和宁夏南部的山区，雨养是一种因地制宜、抗旱减灾的农业生产方式。但黄土高原地区雨养农业发展长期存在先天条件不足、后天营养不良的严重缺陷，先天条件不足表现为水资源严重缺乏、生态环境极度脆弱、旱灾频繁发生，后天营养不良即农业技术缺乏。因此，当地农村经济的发展呈滞后状态，如何克服诸多不利环境因素影响，促进雨养农业更好发展已成当前西北农村建设的当务之急。雨养农业发展必须以最大限度地获得减灾功效为突破点，积极利用蓄积雨水技术节省水资源，加强坡地改梯田来保持水土，建议对生态环境脆弱区实施合理的经营技术措施，走可持续雨养农业发展之路。

一　发展模式的技术选择

历史时期西北地区农业生产模式主要有两种：一种是雨养农业发展模式，另一种是灌溉农业生产模式。在地势平缓、水资源充裕的区域，例如新疆绿洲地区、甘肃河西走廊、宁夏黄河流域和关中灌区大力发展灌溉农业。黄土高原地区65%以上的耕地为山坡旱地，脆弱的生态条件和频繁发生的干旱灾害增大了传统农业的生产成本，粮食产量低而不稳，采取合理的农业减灾模式成为该区农业可持续发展必须解决的问题之一。传统雨养农业模式很适合宁夏南部山区，"本地区丰富的山地资源和比较阴湿、多雨的气候条件为农业的发展和生产规模的进一步扩大提供了可能和条件。在一定意上宁南山区发展雨养农业是历史的必然，传统的雨养农业因之而成为当时农业生产的基本方式"。此外，陕北的黄土丘陵区由于生态环境脆弱、干旱严重、水资源严重缺乏，传统上农民收入皆采行仰仗于天的"广种薄收"粗放经营方式，不但是一种正确的技术选择，也是对传统雨养农业的一种外延性发展。由此看来，雨养农业发展模式必须与实际情况结合起来，因地制宜，追求一定的社会效益和经济效益（于法稳，2001）。

二 发展集雨工程减灾模式

（一）水资源短缺问题严重

黄土高原地区有土地 62 万平方公里，干旱缺水问题一直是困扰和阻滞黄土高原农业经济发展的重要因素。从黄土高原近年来土壤所含水分来看，横跨陕、甘、宁的黄土高原地表水和地下水资源均很缺乏。经检测，1991—2003 年秋季土壤总储水量与 20 世纪 80 年代相比减少了 40—90 毫米，夏季减少了 8—36 毫米。黄土高原大部分地区年降雨变率在 30%—40%，最多降雨年与最少降雨年相差 2—6 倍。在年内降雨的季节分配上，60%—80% 的降雨集中在 6—9 月，而春季 3—5 月仅占据 10%—18%，此时正是夏收作物旺盛生长和秋收作物成苗的需水关键期，所以春旱成灾概率颇高（黄占斌等，2001）。由于降水量的分配不均和降水变率较大，导致旱灾发生频率增大，黄土高原平均三年两小旱，七年一大旱，常因缺水受旱而出现农业减产，减产幅度一般都有 30%—50%，大旱年份甚至绝产绝收。但是该区域年均降雨 443 毫米，总量达 2757 亿立方米，是其当前地下水地表水资源量的 9.2 倍。如果能够合理有效利用春夏两季降水，进行抗旱减灾就成为本地区发展雨养农业的重中之重。

（二）工程减灾模式的技术措施

黄土高原地区沟壑纵横，受地形、地貌条件的影响，修建引水工程的难度很大。工程减灾模式的主要技术措施主要表现为因地制宜开展对雨水的收集、蓄存和开发利用。在众多措施之中，人工收集雨水技术日趋成熟，目前已经成为西北地区收集雨水最普遍的技术。技术形式主要是利用屋面、庭院场地收集雨水，再将雨水直接连通到经营的大棚菜地，或将雨水存储在储水容器中，在植物需水或家畜饮水时取用。还有人工汇集雨水技术补充灌溉利用，主要将道路、荒坡上产生的径流，经净化处理后导入水窖中蓄存，以补充浇灌作物。据有关资料统计，截至 2007 年，西北五省区都在开展雨水集蓄利用，甘肃"121 工程"和"集雨补灌工程"宁夏"窑窖工程"和陕西"甘露工程"已新增水窖 150 万眼，发展雨水集蓄补充灌溉面积达 1800 多万亩，建成各类水窖、水池和微型蓄水工程 560 万个，初步形成具有黄土高原地域特色的雨养农业工程减灾模式。

（三）集雨工程模式的减灾功效

雨水蓄积减灾技术的推广，使夏秋季节的雨水得以有效收集，极大减轻了季节性干旱带来的威胁。在生态脆弱的黄土高原地区开展雨水收集具有明显的抗旱减灾功效。如今"要致富，田边地头建水库"的理念，成为雨养农业区域发展农村经济的新时尚，出现了一批专门利用工程技术集蓄雨水，春播时往外卖水的农民。甘肃省政府已采取多建多补的激励政策，更大规模地推广集雨工程（牛绿花，2007）。雨水集蓄工程技术不仅解决了干旱山区人畜饮水困难，而且对开展抗旱生产，稳定农村社会秩序，促进农村经济发展，走农业可持续发展道路具有十分重要的意义。

三　发展生态治理减灾模式

（一）农业生态环境问题突出

黄土高原地区水土流失严重，生态环境脆弱是农业生产的一大顽疾，如何在农业生产中保持水土平衡，促进生态良性循环，是现代黄土高原雨养农业发展面临的难题。早在 20 世纪 60 年代，著名的气候学家竺可桢和历史地理学家谭其骧均曾从不同角度分析指出：西北地区尤其是处于黄河中游的黄土高原地区自秦代起至唐末间（除东汉），由于游牧民族和畜牧业在北方占主导地位，因而水土流失大大减轻。其余 1700 多年中经历过多次大规模土地垦殖（军屯、商垦、犯垦、民垦），造成该地区生态环境不断恶化。此外黄土高原地区的干旱灾害频繁，对开展水土保持和生态环境建设带来严重威胁。加之由于该区降水的绝对量少且季节分配不均，70% 集中在 6—9 月，且多以暴雨形式出现，导致山洪和泥石流灾害，造成农田被毁和水土流失。

（二）生态治理模式的技术措施

由于黄土高原生态脆弱，进行农业生产存在诸多不便，并且农业效益不高。因而建议这一地区必须开发草地，而不能大面积开垦，要合理实施退耕还林。15 度以上坡地应退耕还林，环境脆弱区实行退耕还林要比农业生产产生的生态效果作用更加明显。

　　加大坡地改梯田治理。在治理坡面的前提下，治河造地，发展农业；在丘陵沟壑区，采用坡、沟、谷综合治理，在峁边线以上以建设梯田为主，发展雨养农业和经济林果；在峁边线以下发展水土保持林，沟里打坝蓄水、淤地，充分利用小水发展水浇地，提高单位面积产量，促进陡坡退耕还林，进一步恢复良性生态环境。此外还可以通过兴修条田、坝地，建设雨水集流工程，有效拦截、保蓄当地天然降雨，使有限降水在雨养农业生产中更好地发挥作用。

　　（三）生态治理的减灾功效和意义

　　以坡地改梯田为重点的基本农田经营，可以改变土地条件，增加降水就地入渗。此外，高标准的机修梯田，可拦蓄百年一遇降雨。这样既防止了水土流失，又将雨水蓄积于土壤中，为粮食的高产稳产奠定了坚实的基础（许国平等，1997）。以甘肃省庄浪县发展坡改梯为例：该县居于陇中黄土高原丘陵沟壑区，六盘山西麓，年降雨量在 500 毫米左右，境内水资源短缺、河流稀少，灌溉农业发展受到限制，属于典型的雨养农业区。从 20 世纪 60 年代起，经过 30 多年的艰苦努力建成了梯条田 94.5 万亩，每年拦蓄径流 4185 万立方米，拦蓄泥沙约 433 万吨，保住了 233.4 万吨有机质，17.0 万吨氮肥和 33.1 万吨磷肥，为粮食稳产高产创造了条件。由于梯田在拦蓄径流泥沙的同时改变了土壤水肥条件，提高了抗旱减灾的能力，在 1997 年发生的五十年一遇严重干旱的情况下，全县梯田平均单位面积产量仍达 2292 公斤/公顷，比旱坡耕地平均单位面积产量高出 1212 公斤/公顷。

　　坡地改梯田建设是合理利用雨水与土地资源、提高土地生产力的有效途径，也是改善农业生态环境的重要措施，是实现雨养农业可持续发展的有效生产模式，对于实现西北地区社会经济可持续发展具有深远意义。

　　四　发展雨养农业减灾模式的政策和意义

　　首先，国家在黄土高原生态脆弱区实施的"退耕还林"和"休耕还草"政策在当地灾害结构和农业生产结构均有变化的前提下，要做适时性修改，同时要进一步提高生态补偿标准，调动农民的保护生态的积极性。帮助农民彻底摆脱黄土高原地区农业生产所面临的"坡地开垦—环境劣化—贫困—扩垦"问题（冯文勇，2007）。

　　其次，政府要积极发展扩大雨水集水、节水的新方法、新技术，努力引导走集水和节水农业发展道路。同时鼓励农民加大坡改梯整治力度，继续加大水保持的生态治理工作，维护雨养农业区域的生态平衡。

最后，农民在保证粮食自给的前提下，在生态脆弱区域选择和发展农村主导产业，如畜牧业、林果业（红枣、杏仁）；合理种植抗旱性能较好的经济作物和小杂粮；积极发展农产品深加工业；引导和扶持发展生态旅游产业，切实增加农民实际收入，推动雨养农业可持续发展。

改革开放 30 多年来，西北地区农村经济有了很大发展，农民生活得到了较大改善，但是还应看到当地的农村经济总体水平不高，农业经营方式较落后，许多农民仍然生活在贫困线以下。探索雨养农业区域发展模式，必须把农业减灾、生态治理、农业生产有机结合起来，同时兼顾自然资源、生态环境、农民三者的利益，走人与自然和谐共处，环境与社会友好共存的可持续发展之路。

第三节　绿洲区域农业治理技术选择

中国西北干旱地区"无水是荒漠，有水是绿洲"。干旱区人民依靠高山冰雪融水补给形成的地表地下径流，以及引黄河之水灌溉发展农业，形成了具有悠久历史的绿洲。这些绿洲主要分布在天山南北麓（新疆绿洲）、昆仑山和祁连山北麓（河西走廊绿洲）、黄河流域的河套平原地区以及柴达木盆地绿洲，是我国典型的绿洲农业发展区域（张林源等，1994）。它们是西北干旱区的生命之源，是中国重要的商品粮、长绒棉等生产基地。为了使干旱区绿洲农业高效持续发展，必须充分认识区域资源的优势和不足。

西北的绿洲区域主要有西北内陆干旱绿洲区域、河套平原绿洲区域和柴达木高原绿洲区域。绿洲农业是西北地区的特色农业。由于特色的光热和水土的地域环境因素组合，具备农业可持续发展的优越条件。由于自然环境是绿洲形成的主要因素，在绿洲开发过程中，受到人类不合理活动的影响，绿洲荒漠化已成为绿洲区域生态脆弱的基本特征。绿洲农业发展以灌溉农业为主，农业用水来自高山积雪融水和河流径流水和湖泊，但存在季节性用水困难。由于历史时期对绿洲农业开发的不合理性，绿洲农业土地盐碱化比较严重。因此，研究西北地区绿洲农业生态环境特点以及农业生产技术，对绿洲农业的合理开发及可持续发展有着重要作用。

一　绿洲区域农业发展的生态背景

西北绿洲区域，气候干旱，年降水量在 200 毫米以下。受东南亚季风影响，河西走廊绿洲降水量由东向南逐渐减少，至黑河流域下游及塔里木盆地东部形成两个低值区，年降水量分别在 80 毫米、125 毫米（张凤华等，2003）。新疆绿洲区域受西风控制，降水量由东向西逐渐增加，塔里木盆地与准噶尔盆地西部边缘达 100—200 毫米。

绿洲区域植被分布受气候梯度的分异，植被生态特征也随之出现相应变化。从山区到平原绿洲区随降水量的减少，形成由温带荒漠草原、干草原向暖温带戈壁荒漠演变的分布规律，形成以荒漠、稀疏耐旱为主的自然植被体系。受水热条件控制，在河西走廊由东向西、新疆境内由西向东，植被特征由温带草原过渡为暖温带草原，植被以温带、暖温带荒漠植被为主，种类少、覆盖低，一般仅 10%—20%，由于生产能力低，植被类型简单，因此生态脆弱明显。西北地区植被与自然条件是土壤类型与分布的决定因素，而绿洲区土壤分布受水热条件及植物类型的限制更加明显。内陆绿洲植被与土壤均具有非地带性特征，土壤类型随地表水流向呈现自上而下的规律性变化，古老冲积扇上部一般分布有地带性的荒漠灰钙土和灰漠土，自扇缘溢出带向下，土壤迅速由草甸土或沼泽土演替为盐化草甸土，并最终出现典型盐土。在农作区，由于长期灌溉形成了灌溉荒漠灰钙土、灌溉草甸土。

西北地区绿洲区域水资源利用主要有两个来源，一个是区域分布的塔里木河、玛纳斯河、黑河流域等独立集水区域；另一个补给来源是雨水及山区冰雪融化；河道承接大量的冰雪融水，径流的地表水与地下水两种形式相互转化，其间不断蒸发、渗漏，最终消失或形成湖泊，绿洲区是径流消耗、地表水转化为地下水的区段，大量的径流滋养了绿洲生态农业系统。目前，绿洲区大部分为人工灌溉绿洲，天然绿洲目前在流域已不复存在，由于人工绿洲的稳定性相对提高，绿洲农业的稳定性主要靠上游来水，近些年，由于人工引水增大，地下水位下降，河道断流，下游绿洲的稳定性明显降低。

近几十年来，随着水土资源开发利用规模的不断扩展（如 1950 年全疆耕地 64×10^3 公顷，到 1999 年为 3383.94×10^3 公顷），绿洲区域内的工农业与经济得以迅速发展。但由于绿洲具有维水性、脆弱性等特点，加之人为高强度干扰与破坏，加剧了绿洲生态系统的脆弱性，致使绿洲生态系统不断趋于恶化乃至退化，主要表现有：①河流缩短，湖泊萎缩或干涸，水质碱化及污染趋势加剧；②土壤沙化现象严重，面积不断扩大；③地表积盐强烈，土壤次生盐渍化普遍；④农田土壤污染加重，病虫害呈蔓延趋势；⑤耕地资源数量大，质量不高，后备宜农地开发难度大；⑥灾害频繁。这些严重影响了绿洲生存与发展的稳定性（吕新等，2001）。

二　绿洲农业开发引发的生态问题

（一）历史时期不合理农业技术导致的生态问题

绿洲区域农业开发始于秦代，封玲（2004）对中国历史时期的绿洲农业开发研究后认为：绿洲区域农业开发推进作用最大的是屯垦。而军屯和民屯是绿洲农业开发的主要方式。屯垦和移民是有组织的、有政治、军事、经济目的地利用黄河流域的农业技术而进行的大规模的农业开发。内地先进农具及农耕技术的引入，加快了绿洲农业开发的广度和深度，促进了社会制度的演进。但历代的农业开发，使得绿洲脆弱的游牧经济向农牧经济并存的结构过渡，耕地面积扩大，环境的人口承载能力增加，农业区域不断扩大的同时，引发一系列的生态问题。

历史时期由于自然因素和人为因素绿洲沙漠面积增大，其中人为因素的影响更大。汉代是历史时期第一个对绿洲进行大规模农业开发的朝代，河西走廊石羊河流域下游在汉初开发的民勤绿洲，由于上游武威绿洲大面积开垦，河水被拦截灌溉，导致处于下游尾闾地段的民勤缺水，汉代后期就使西沙窝北部三角城周围及其西部的沙井柳湖墩、黄蒿井、黄土槽一带荒芜，出现沙漠化过程（李并成，1998）。其中，最基本的原因就是农业开发技术不当，导致固沙植被破坏，在强劲的风蚀、风积作用下，裸露地表向沙漠化演变。

我国绿洲气候干旱、蒸发强烈，如用水技术不当极易发生次生盐渍化问题。历史时期由于农业开发落后的生产方式、生产组织形式和人类认识水平的局限，以及因全面开发使古代就创立的"干排水"法难以实施，使不少绿洲因次生盐渍化严重而被迫放弃。此外，历史时期由于水利工程技术水平有限，灌溉渠系渗漏严重。灌溉用水无控制工程、到处跑水、大水漫灌，加之重灌轻排、淤积阻塞、排水不畅，使地下水位上升，土壤次生盐渍化加重，部分田地被迫弃耕。此外，土地利用不合理也是引起次生盐渍化的重要原因。由于大面积开垦，土地不平整，使灌溉不均匀，造成低处积水、高处积盐，形成盐斑，土地逐渐盐渍化。土地只用不养，施肥不足，苜蓿、豆类等养地作物比例很小，不能合理轮作倒茬等，也是引起次生盐渍化的因素。

绿洲农业区域经历代不断开发，人口逐步增多，开始开发山地草原，大规模毁林毁草开荒及过度放牧，使森林草原面积减少。西汉时赵充国率军在祁连山南麓屯田，"伐材木大小六万余枚，皆在水冰"，可见对森林植被破坏之大。明清时，祁连山区又一次被开发，"南北山地，听其尽力开垦，永不起课"，造成山地资源相继大面积被毁。祁连山东麓原有"黑松林山"，到乾隆时"昔多松，今无，田半"，至嘉庆时"绝少草木，令人闷绝"（祁韵士，1987）。

（二）当代农业发展导致的生态问题

从 50 年代初期到 60 年代中期，绿洲农业的规模在迅速扩大。以新疆为例：新疆 1949 年耕地面积仅为 121 万公顷，可到 1965 年耕地面积已达到 316.3 万公顷。这一时期农业生产有了很大发展，粮食、棉花总产增加较快，粮食总产由 1949 年的 8.48 亿公斤增加到 1965 年的 26.2 亿公斤，棉花由 507.2 万公斤增加到 7594.2 万公斤，农业总产值由 6.3 亿元增加到 18.6 亿元。可是，由于这一时期只追求开荒速度，忽视了绿洲农业发展的生态保护，其结果累计开荒超过 300 万公顷，受盐碱和缺水影响实际保存下来仅 200 万公顷。

从 60 年代中后期到 70 年代中期，新疆绿洲农业的发展处于徘徊不前的状态。这一时期粮食单产一直徘徊在 1050—1350 公斤/公顷，棉花单产在 310—480 公斤/公顷之间。这一时期人们开始注意到由于过去盲目开发，给绿洲农业经济所带来的弊端和障碍。在土地开发方面，结束了大规模开荒转入绿洲的内部夹荒地零星开发。在盐渍化治理方面，逐步改变过去的"旱排水"治盐方式，开始修建主干排水渠。在水利建设方面，这一时期在已建成的绿洲内部共投入水利工程建设资金 5.13 亿元，修建防渗渠长度 5490 公里。

从 70 年代中后期到 80 年代中期，新疆绿洲农业经济稳步发展。耕地面积维持在 310 万公顷左右，农业生产的发展主要是以提高单产为主。生态建设进展缓慢。绿洲农田排水系统还不完善，灌排比多在 10：1 以上。在 80 年代以前，农村生活能源多是靠砍伐野生乔、灌木为重要的来源。在准噶尔盆地由于过度樵采，沙漠化面积由 50 年代的 1500 平方公里增加到 80 年代的 7500 平方公里（夏训诚等，1991）。位于塔里木河下游的尉犁县，多数农牧民的燃料都来自生物能源，每年由于樵采破坏沙丘上植被面积达 1500 平方公里，20 年累计已达 2 万公顷，结果使固定和半固定沙丘上的红柳灌丛全被砍完，沙丘活化成为流动沙丘。随着耕地面积扩大，河流下游水量减少及土地沙漠化加剧等问题也都暴露出来。绿洲农业发展面临农田土壤施肥不合理情况严重。80 年代初新疆绿肥面积超过 20 万公顷，目前仅有 7 万—8 万公顷。但化肥使用量 1988 年为 27.6 万吨（折纯量，下同），到 1996 年达到 77.3 万吨，增加了 1.8 倍。这表明存在重化肥、轻有机肥、忽视土壤培肥的倾向。另外化肥施用过程中，氮与磷配比不合理，磷肥施用过多，浪费很大。这些都会影响到土地持续利用。

绿洲农业区域土壤盐渍化问题严重。农田排水系统的完善减轻了绿洲内部的土壤盐渍化，但由于农田排水渠多根据地形设计，其排水出口多是天然河流，这造成了河流的水质盐化，而塔里木河干流表现最为突出。塔里木河在 1958 年以前是一条淡水河，可到了 70 年代已发生了水质盐化，进入 90 年代更趋严重。

绿洲农业发展自身也面临难题。比如，西北内陆绿洲区域农业发展过于追求单一农业经济作物，使得农业经济发展面临风险。新疆 1978 年棉花面积仅 15 万公顷，到 1996 年已达到 79.9 万公顷，19 年增加了 4.3 倍，占耕地面积的 25.2%。由于棉花种植面积扩大很快，连作普遍，造成病虫害危害程度增加。据不完全统计，1996 年新疆棉铃虫发生面积已达 36 万公顷，占全疆棉花种植面积的 45%（季方等，2001）。棉花病虫害已由过去的潜在性危害，变成目前新疆棉花的最大威胁，影响到棉花生产的持续发展。

三　绿洲农业系统发展的水资源困境

（一）农业水资源急剧减少

在绿洲区域农业经济发展过程中，由于上游引水过多，加之水资源利用水平较低，造成河流下游水量减少，使下游绿洲农业生态经济系统的稳定受到很大威胁。塔里木河干流下游卡拉的来水量持续下降，1957—1959 年来水量为 15.6 亿立方米，到 1990—1994 年仅为 3.1 亿立方米，减少了 12.5 亿立方米，使下游绿洲弃耕面积超过 7 万公顷，严重影响到绿洲农业生态经济系统的稳定。此外，地表水的严重不足，迫使人们大量超采地下水。仅民勤绿洲现已配套使用的机井 11000 眼，年超采地下水 2.5 亿—3.91 亿立方米，造成地下水位每年以 0.85 米的速度下降，地下水位比 20

世纪 70 年代累计下降 10—18 米, 水质恶化, 地下水平均以每年 0.2 克/升的速度矿化, 矿化度已高达 5—16 克/升, 使湖区人畜饮水困难。水资源不足导致水危机, 这种情况绿洲区域成为一种常态, 成为导致生态环境恶化的主要原因之一。如果不采取有力措施加以制止, 将会制约绿洲农业的持续发展。

(二) 工农业用水矛盾突出

随着绿洲农业用水和工业用水以及人口数量的增加, 绿洲用水量逐渐增加, 使绿洲水资源的供需矛盾日益突出。首先表现为绿洲城市水资源短缺, 其中乌鲁木齐市缺水最为严重。目前, 乌鲁木齐市可供利用的水资源总量仅为 12.4 亿立方米, 人均径流量只有 945 立方米, 仅为全国人均水资源量 2373 立方米的 39.8%, 水资源供需缺口已达 2 亿立方米左右, 是我国西北地区严重缺水城市之一 (潘晓玲, 1999)。河西绿洲区域水资源利用以单元为主, 流域用水以地表水为纽带, 上下游用水处于平衡状态。但长期以来, 人们在处理这种上下游的关系上缺乏全流域水资源的宏观调控、统筹兼顾, 加剧了下游水资源的供需矛盾, 其中以石羊河流域表现最为突出。以石羊河流域下游的民勤为例, 上游工业和日用水增加, 下游用水减少, 导致用水出现失衡状态, 生态环境急剧恶化。目前, 平水年份流入民勤境内的径流量只有 1.4 亿—1.5 亿立方米, 且以每年 1000 万立方米的速度递减, 使民勤绿洲水资源供需矛盾更加突出。

(三) 水资源浪费严重

水资源浪费严重。一方面绿洲水资源严重不足, 另一方面却存在水资源普遍浪费的现象。由于灌区部分水利工程年久失修, 渗漏量特别大。例如河西绿洲部分水利工程运行已二三十年, 加上后续资金投入不足, 没有及时维修养护, 工程损坏、老化、退化、失修现象严重。据统计民勤绿洲渠道老化失修率为 40% 左右, 各类建筑物老化失修率为 30%—40%, 灌溉工程差, 老化失修严重, 极大地影响了安全输水, 使地表水得不到充分利用, 阻碍了灌溉农业的健康发展。田间工程配套差, 灌溉技术落后, 传统的大水漫灌、渠浇漫灌的灌水习惯未能得到根治。地块偏大, 0.1 公顷以上的地块还有不少没有得到改造, 亩均用水定额偏高。比如民勤绿洲灌区农民水危机和节约用水意识薄弱, 地表水用水严重浪费, 地下水开采缺乏统一规划, 打井开荒无序, 造成地下水严重超采。敦煌党河灌区、金塔鸳鸯灌区、玉门花海灌区、白杨河灌区、赤金灌区、民勤湖区等地区的地下水储量有明显减少，造成天然植被枯萎、生态恶化，同时井水输水损失也相当大，利用率只有70%左右，造成地下水资源浪费。

（四）水资源管理制度缺失

绿洲农业用水受经济发展和经费因素影响，灌区改造和新技术应用还面临诸多困难。高新节水技术在实施和具体运作上还处于实验总结阶段或仅停留在小范围、小尺度水平的示范阶段。受传统管理体制影响，许多地方行政干预强硬，行政命令代替科学管理和调度，多头管理，缺乏自主权。流域管理制度也不能适应当前农业生产的发展和种植作物的调整，使一些依赖流域调水的灌区用水被动，个别流域还沿用过去的配水制度。制度不健全、措施不得力，致使管理工作未能步入科学化、制度化、系统化和规范化的轨道。

四 绿洲农业可持续发展的农业技术应用

农业资源的优劣决定着区域发展的方向、发展模式与前景。由上述分析，内陆河绿洲具有相似的自然条件和资源，导致了绿洲农业经济结构一定水平的趋同性，从而在一定程度上削弱了区域间贸易交流，不利于经济发展，所以需要深入分析，认识区域资源特点，甚至人们的生活质量、社会发展等因素，形成与其他地区不同的特色农业，即特色种植业、养殖业、林果业、工业等及其相应的特色生产技术措施，从而实现绿洲农业的高效持续发展（张凤华，2003）。

（一）建设现代绿洲农业生产技术体系

现代绿洲农业的发展考虑作物种类限制和耕作技术的多样化，因此绿洲农业的不稳定性增强。就种植业而言必须防止作物的单一种植，从生态学角度，单一化意味着生态系统的不稳，因此根据绿洲实际情况，因地制宜地大力推广粮食—饲料—经济作物三元种植模式，发展生态系统及生物的多样性；同时调整农业内部产品结构，发展具有区域特色和竞争优势的名、优、特产品；进一步发展高科技含量的农副产品深加工与精加工，使区域经济从以农业为主逐步向农业工业化过渡。

进一步改变传统观念，人们的传统绿洲农业技术多数是在认识绿洲气候资源等基础上，应用农学、生态学等有关理论形成的种植、养殖等技术；而现代绿洲高效特色农业需要应用现代工业产品、科学技术武装，从而形成绿洲农业特殊的技术体系。如应用多种节水灌溉材料与作物需水特性耦合形成的绿洲节水灌溉技术；应用信息技术形成的绿洲精准农业技术等，对发展绿洲现代农业有积极作用。

（二）发展高效绿洲生态农业种植模式

绿洲农业保持传统农业技术模式，生产效益低下。加之对绿洲过度开发所造成的沙漠化问题和土壤盐渍化问题严重，因此只有对传统农业进行改造，走生态农业的发展道路，才能保持绿洲农业的高效持续发展。生态农业是指在经济和环境协调发展的指导下，总结吸收各种农业方式的成功经验，按生态学和经济学原理，应用系统工程方法，建立和发展起来的农业体系。它要求把粮食需求与各种经济作物生产、发展种植业与林牧副渔业、发展大农业与第二、三产业结合起来，利用传统农业的精华和现代科学技术，通过人工设计生态工程，协调发展与环境之间、资源利用与保护之间的关系，形成生态上和经济上的两个良性循环（刘慧，2009）。绿洲生态农业是一个农业生产管理可持续发展的综合体，其内容仍不完善，多在沿用其他区域生态农业模式，鉴于本区特殊条件，绿洲生态农业需要从理论、技术体系及管理模式等方面完善并突出自身特色。另外把发展生态村落、生态小城镇、生态庭院作为绿洲生态农业的重要补充。生态农业开发是绿洲农业进行结构调整，发挥自身优势的需要。中国的绿洲农业区具有长日照、太阳辐射量高、气温日差大，后备土地资源丰富等优势条件，通过合理利用干旱区光热资源，对干旱区进行有效的开发，可以实现经济高效和生态安全"双赢"。根据不同地域农业资源优势可以发展多种经营和具有区位优势、农业生产体制优势的特色产业，如棉花产业、番茄制品业、绿色食品业、葡萄酒业等，农牧交错与过渡地带积极发展生态草业，通过饲草生产，发展牛、羊等草食家畜的养殖，经济效益要远高于粮食生产，也有利于生态环境建设。

（三）合理规划绿洲土地开发，优化土壤环境

要合理规划绿洲的土地开垦规模，尽量保护已有的植被，采取利用与保护土地原则。一方面，积极建立土地的盐碱化和沙漠化、风沙化的防治体系。如建立弃耕地的生态种植模式，防止由于翻种土地而促使已有土地露出地面而最终荒漠化、沙化。同时，利用膜下滴灌节水灌溉技术种植，这样既节水，又防止了土地的风化。另一方面，搞好土壤培肥养地，要使用生物肥，采取增施有机肥、秸秆还田、翻压绿肥等措施，不但可以增加土壤的有机质，还可改善土壤可耕性和保水保肥性，并增加土壤微生物的活动。微生物分解有机质将释放出大量的二氧化碳，以供作物光合作用转

化利用。再有，可采取田间生态种植模式，建立生态防护林，有效保护土地减少遭受风沙的侵袭。

（四）推广高效节水灌溉技术，有效保护水资源

干旱区缺水是制约农业可持续发展的关键因素，大力推广先进的灌溉节水技术、提高灌溉水的利用率，将是农业发展的根本出路。目前玛河流域根据当地生产特点及技术要求已经推行了多种节水灌溉技术，如喷灌、软管灌、闸灌、渗灌及膜下滴灌，从生态、经济角度看，膜下滴灌是最可行也最有潜力的一种高效节水方式。近些年，石河子绿洲迅速发展起来的节水新举措——膜下滴灌成为经济高效用水的典范。膜下滴灌技术产生于石河子绿洲区。由于传统的大水漫灌加上渗漏严重，平均灌溉定额达7500—8000 立方米，从 1996 年开始进行大田节水技术试验，1999 年推广适合当地自然条件的膜下滴灌技术，2000 年推广面积 1.4 万公顷，2002 年 11 万公顷棉田中有 8 万公顷，采用了膜下滴灌技术，棉花总产达到 19.5 万吨，平均单产 4500 公斤/公顷，创历史最高水平，并取得良好的社会效益、经济效益及生态效益。

（五）发展生态治理防护工程，发挥生态节水效益

绿洲农业区域农业节水潜力十分巨大，如以每公顷灌溉 7500 立方米计算，全疆现有灌溉面积可节水 151.7 亿立方米。若用这部分节余的水量来灌溉耕地，可增加灌溉面积 200 万公顷；若用来进行生态建设，可扩大林草地面积 267 万公顷左右。推广应用现代节水灌溉技术，把每公顷灌溉定额降低到 6000 立方米左右，就可节水 210 亿立方米。农业用水量可减少 50%。此外，高山冰川是天然固体水库，融雪集流，是众多河流的发源地。近 50 年来，由于全球气候变暖及生态恶化、环境污染，雪线不断上升，冰川减少了 25%。山区森林、草地有涵养、保存水源的功能，由于过度采伐，山地森林也减少了 25%—80% 的草场退化，水源涵养功能严重受损。建设生态防护林，实施环境生态保护与恢复工程，是使绿洲生态能得以恢复的重要措施。生态防护林建设的重点应放在绿洲边缘的过渡带，荒漠生态系统原生的梭梭、柽柳、胡杨、枇杷、白刺等乔灌木，以及众多的草本植物抗旱、耐盐碱，是十分宝贵的抗逆性种质资源。利用抗逆性物种资源在过渡带选择耐盐碱的植物建立乔灌草复合带，形成绿洲生态屏障，充分发挥其生态节水效益。

西北绿洲农业大多依托于山地、荒漠系统而存在。因此绿洲农业的稳

定及持续发展不仅要依靠绿洲内部的合理开发，还要从山地森林草地和荒漠草原的合理利用与保护入手。客观上需要实现山地、绿洲、荒漠的互动协调发展，由此保证绿洲的可持续发展。即依据不同地段绿洲农业系统的生产效率、生态稳定性、水资源的差异及彼此间功能上的关联性，确定环绿洲不同农业生态地域类型的建设方向，制定合理的农业开发战略，从根本上高效配置系统内资源，实行功能性的综合开发，彻底化解山地、绿洲与荒漠间的利益冲突，利益共享，最大限度保护生态环境，推进农业的持续发展。

第四节　积极探索区域农业生态治理技术和农业发展模式

从西北地区整体生态环境来看，区域生态脆弱趋势仍然没有改变，区域生态脆弱呈现方式也不尽相同。从本章研究中不难发现：黄土高原雨养农业区域干旱缺水问题依然严重，水土流失问题治理困难依然存在；西北内陆绿洲区域水资源利用矛盾问题仍然突出，土壤盐渍化现象仍难解决。因此选择合理的农业发展模式和农业治理技术显得尤为重要。雨养农业区域针对干旱缺水的灾害环境，要加大集雨工程减灾模式的创新和探索，针对水土流失严重的情况，要加大生态治理的技术改革和摸索，对退耕还林还草政策进行反思，对生态补偿机制作出适时合理修改，期待对黄土高原雨养农业区域的农业持续发展做出贡献。针对绿洲农业区域水资源相对丰富的现状，要加大对区域河流湖泊以及水资源环境的管理和治理，建议实施用水管理机制的改革，使有效水资源得到合理运用。加大力度治理水污染，减轻农业用水危机。针对盐渍化问题要加大水利工程的治理和补修，选择合理的农业技术加以治理。充分利用绿洲气候资源优势，积极探索绿洲现代农业发展模式，比如发展绿洲节水灌溉技术、发展绿洲生态农业模式等；此外，针对绿洲沙漠化的生态问题，积极探索农业种植模式，建立土地的盐碱化和沙漠化、风沙化的防治体系，加大绿洲植被建设，使得绿洲生态退化趋势得到扭转，以此促进绿洲农业持续发展。

结　语

　　研究西北地区环境变迁与农业发展必须放在历史长时段和影响多因素来考察。在短时段研究生态环境或者认为某种因素有利于农业发展是一种短视行为，不能从根本上得出环境与农业发展的对应关系，也不利于生态环境的永续利用和农业的持续发展。因此必须用全面、系统分析的观点来研究。西北地区区域广袤，农业生产受限于环境，也依赖于环境。环境决定农业发展类型，而农业发展又影响环境。研究西北地区环境变迁与农业可持续发展要充分认识农业与环境两者之间存在的辩证关系。

　　根据农业历史发展的特征，本书从历史时期、近代时期和现代时期来考察环境变迁。从这三个时期来看，西北地区农业环境变迁的总体特征为生态环境脆弱趋势增强。影响历史时期农业环境的因素主要有自然、人文、国家行为以及农业技术和制度因素。在自然因素中气候和生态环境变迁是农业环境变迁的主导原因；在人文因素中人地矛盾、不合理农业开发是影响农业环境变迁的重要诱因；在国家行为中无序移民、农牧经营等政策是造成农业环境变迁的重要原因。而传统农业技术选择也是引发农业环境双向变迁的重要原因。影响近代农业环境变迁的主要是灾荒、战乱和社会因素。其中，灾荒是影响农业环境变迁的主导因素；战乱不断和社会脆弱加剧农业环境迁延。农业环境变迁发展到现代时期，更多的是威胁农业发展的诸多环境问题。例如农业生态环境恶化问题突出、农业灾害环境危害严重，农业资源环境利用矛盾等问题。这些问题的产生除了人为因素外，在很大程度上反映出技术措施的缺陷和治理制度的缺失。

　　气候变化是影响西北地区历史农业环境变迁的主导因素。近年来，气候变暖导致的全球气温升高，变热趋势仍在持续，气候极端事件逐年增加。对西北地区而言，尽管气温升高带来的环境问题目前看来并不严重，但是气温升高对西北地区的干旱化问题和降水量分布问题研究应当给予持续关注。由于西北区域的广袤性，加上我国近年来持续发生的极端气象天气，比如北方地区的长时间持续干旱问题，南方极端雨雪冰冻灾害天气以及重大水灾问题等。气候变化导致西北地区局域极端天气事件频繁发生的可能性在增加，这将对农业生产和发展十分不利。西北地区是旱灾发生频繁的重灾区，史料记载中发生大范围长时间的干旱灾害屡见不鲜，西北地区防大灾的思想不能放松。因此，西北地区适应气候变化要走两条道路。一是加大适应气候变化的技术措施建设。由于农业生产环境恶化，沙漠化和土地盐碱化等农业生态环境灾害频发，导致农业生产力降低，区域农业可持续发展潜能遭到削弱。因此要加强农业生态环境抗灾能力建设。针对近年来气候变化对水资源的影响随着经济的发展与日俱增，要加大西北地区的水资源管理和水利工程建设。针对气候变化导致的农业气象灾害频发问题，要加大灾害性天气预防和监测能力建设。要关注气候变化对农作物的发育、种植和产量影响的问题，要积极研究抗逆作物品种，适时调整农作物种植结构，探索节水灌溉农业技术的研发，引导农民发展节水生态农业。二是加快制定适应气候变化的政策。政府部门要加大气候变化研究，尤其是极端灾害天气研究和预报监测能力建设，完善灾害应急制度建设，要加大农田水利基础设施建设，增强农业抗灾能力，努力改善农业生态环境，构建防灾减灾救助体系。要加大科技减灾工作研究，逐步实施农业灾害保险制度，减轻农民的灾害风险，对西北地区的农业可持续发展做出贡献。

自然灾害对农业发展危害最为直接，后果最为严重。从历史到现代时期，西北地区是自然灾害的高发区域，灾种多、发生频繁、危害范围较广。因此西北地区农业发展面临巨大的灾害风险。历史时期受限于生产技术和生产水平，在灾害频发情况下，难以形成有效预防和治理灾害的社会对策以及救荒机制。因此政府救灾效率不高，人民承灾能力极低。现代时期，我国社会经济发展水平逐步提升，农业科研能力不断增强，开展农业减灾成为现实。在农业生态环境不断恶化、干旱灾害频发的态势下，加强农业减灾势在必行。发展减灾农业的技术措施首先要保护农业生态环境。大力开展植树造林，加大生态林和经济林建设，进一步涵养水源，减少水土流失，减轻气候干旱化趋势。其次要针对区域农业和灾害类型特点，因地制宜地开展减灾农业。在干旱缺水区域，继续探索和发展集水农业和节水灌溉农业，增强农田的抗旱性。在光热资源丰富区域，科学利用气候资源，发展"两高一优"的立体生态旱作农业。此外，要加强传统农业生产技术减灾研究，发挥传统农业减灾技术的现实功效。政府部门要根据西北地区干旱频发的特点，加强抗旱减灾体系建设，构建较为完善的防旱减灾服务体系。农村是农业减灾的主战场，要加大农村减灾农业建设。因此政府应该做好抗旱减灾规划，不断修缮减灾工程措施，切实做好农民种粮补贴工作，从政策、机制上鼓励和增强农民防灾减灾意识。农业减灾的目的就是增产稳产，同农业可持续发展追求目标基本一致。因此，发展减灾农业是农业可持续发展的重要内容，只有发展减灾农业才能促进和实现农业可持续发展。

要加大西北地区区域生态治理技术创新，建设良好的农业生态环境。由于农业发展类型同生态环境密切相关。西北地区农业发展具有明显的区域特征，由于区域农业环境不同，农业发展模式也不尽相同，农业生态脆弱差别明显。研究选取的雨养农业区域和绿洲农业区域的农业模式选择的原因皆来源于此。因此，西北地区农业持续发展必须同区域生态响应特征对应起来。以黄土高原雨养农业区域为例，该区域环境脆弱，干旱少雨和水土流失等生态特征，在该区域提出区域生态治理技术模式选择。选择实施集雨、蓄水工程减灾模式，因地制宜开展对雨水的收集、蓄存和开发利用，有效弥补春夏干旱缺水问题，发展集雨工程减灾模式。选择发展生态治理减灾模式。主要技术措施包括合理退耕还林还草，开展坡地改梯田治理，修建雨水集流工程等。使得水土流失减少，生态恢复明显，土壤有机含量增加。通过有效收集雨水，增加粮食产量。在实施区域生态治理技术的同时，应加大生态治理机制和制度创新建设。国家应根据现实情况适时调整和修改生态脆弱区的"退耕还林"和"休耕还草"政策，逐步提高生态补偿标准，调动农民保护生态的积极性。政府要鼓励对集雨和节水技术的创新研究，引导农民走集水和节水农业发展道路。支持农业科技创新能力建设，加大水保持的生态治理工作，维护雨养农业区域的生态平衡。在生态脆弱区域选择和发展农村主导产业，合理种植抗旱性能较好的经济作物和小杂粮；积极发展农产品深加工业；引导和扶持发展生态旅游产业，切实增加农民实际收入，推动生态脆弱区的农业可持续发展。

研究西北地区的农业发展，必须把农业生产和生态保护有机结合起来，同时兼顾自然资源、生态环境、农民三者的利益，走人与自然和谐共处，环境与社会友好共存的可持续发展之路。

本书以三个专题的形式对西北地区环境变迁和农业可持续发展做了细

致研究，受选题范围广和时间不足限制，有关议题没有展开论述，比如灌溉区域和高寒区域农业发展的模式选择、区域农业水资源持续利用问题等。通过本书的研究，后续研究还应在以下几方面努力：西北地区传统农业发展与环境变迁的对应研究；气候变化下粮食生产能力提升研究；西北地区农业减灾技术创新研究；西北地区生态治理制度创新研究等。通过上述议题研究期待完善西北地区环境变迁和农业可持续发展研究。

参考文献

[1] 包茂宏:《非洲史研究的新视野——环境史》,《史学理论研究》 2002 年第 1 期。

[2] 包茂宏:《德国的环境变迁与环境史研究——访德国环境史学家亚克西姆·纳得考教授》,《史学月刊》2004 年第 10 期。

[3] 包茂宏:《环境史中的欧洲特殊道路问题》,《史学月刊》2004 年第 10 期。

[4] 包茂宏:《环境史历史、理论和方法》,《史学理论研究》2004 年第 4 期。

[5] 包茂宏:《英国的环境史研究》,《中国历史地理论丛》2005 年第 2 期。

[6] 毕于运、王道龙、高春雨:《我国中部生态脆弱地带生态建设与农业可持续发展研究》,气象出版社 2008 年版。

[7] 卜风贤、李智:《清代宁夏南部山区雨养农业发展述略》,《古今农业》1996 年第 1 期。

[8] 卜风贤:《民国时期农业灾情及其成因》,《古今农业》1999 年第 2 期。

[9] 卜风贤:《周秦汉晋时期农业灾害和农业减灾方略研究》,博士学位论文,西北农林科技大学,2001 年。

[10] 卜风贤:《我国减灾农业发展的形势和对策》,《安徽农业大学学报》(社会科学版)2004 年第 2 期。

[11] 曾英、黄祖英、张红娟:《气候变化对陕西省冬小麦种植区的影响》,《水土保持通报》2007 年第 5 期。

[12] 陈百明:《中国农业资源综合生产能力与人口承载力》,气象出版社 2001 年版。

[13] 陈文科、熊维明、朱建中等:《农业灾害经济学原理》,山西经济出

版社 2000 年版。

［14］陈树志、洪共福：《影响环境变迁之人口迁移诸因素初探》，《经济与社会发展》2007 年第 4 期。

［15］陈新海、刘永清：《清代河湟地区的土地垦殖与环境变迁研究》，《青海民族研究》2005 年第 1 期。

［16］程延年：《农业抗灾减灾工程技术》，河南科学技术出版社 2000 年版。

［17］陈业新：《秦汉政府行为与生态》，《淮南师范学院学报》2004 年第 4 期。

［18］邓大才：《我国粮食安全的隐患分析》，《科技导报》2003 年第 3 期。

［19］丁一汇：《中国气候变化——科学、影响、适应及对策研究》，中国环境科学出版社 2009 年版。

［20］丁一汇：《中国西部环境变化的预测 2002》，载秦大河《中国西部环境演变评估》（第二卷），科学出版社 2002 年版。

［21］党瑜：《历史上西北农业开发对农业生态的影响》，《西北大学学报（自然科学版）2001 年第 3 期。

［22］邓云特：《中国救荒史》，商务印书馆 1998 年版。

［23］董兆祥、满达人：《西北开发史料选辑》（1930—1947），经济出版社 1998 年版。

［24］邓辉、夏正楷：《从统万城的兴废看人类活动对生态环境脆弱地区的影响》，《中国历史地理丛书》2001 年第 2 期。

［25］杜梅：《内蒙古锡林郭勒盟退耕还林还草工程效果评估》，硕士学位论文，中国农业科学院，2007 年。

［26］樊志民：《问稼轩农史文集》，西北农林科技大学出版社 2006 年版。

［27］封玲：《历史时期中国绿洲的农业开发与生态环境变迁》，《中国农史》2004 年第 3 期。

［28］冯尔才：《民国时期战争对甘肃森林资源消耗的影响》，《社科纵横》2007 年第 12 期。

［29］冯文勇：《生态脆弱地区的脱贫政策》，《生态经济》2007 年第 12 期。

［30］高庆华、聂高众、张业成：《中国减灾需求与综合减灾》，北京气象

出版社 2010 年版。

[31] 高国荣：《20 世纪 90 年代以前美国环境史研究的特点》，《史学月刊》2006 年第 2 期。

[32] 高芸：《"以粮为纲"政策的实施对陕北黄土丘陵沟壑区水土保持工作的影响》，硕士学位论文，陕西师范大学，2007 年。

[33] 甘肃水旱灾害编委会编：《甘肃水旱灾害》，黄河水利出版社 1996 年版。

[34] 国民政府统计局：《中华民国统计提要》，商务印书馆 1935 年版。

[35] 国家林业局：《第四次中国荒漠化和沙化状况公报》，中国林业新闻网（http：//www. greentimes. com/green/econo/hzgg/ggqs/content/2011 – 01/05/content_ 114232. htm）。

[36] 郭廷辅：《黄土高原防治水土流失——建设生态环境的最佳模式选择》，《中国水土保持》1999 年第 1 期。

[37] 龚建华：《论可持续发展的思想与概念》，《中国人口·资源与环境》1996 年第 3 期。

[38] 韩春鲜、熊黑钢、张冠武：《罗布泊地区人类活动与环境变迁》，《中国历史地理论丛》2003 年第 3 期。

[39] 韩茂莉：《历史时期黄土高原人类活动与环境关系研究的总体回顾》，《中国史研究动态》2000 年第 10 期。

[40]《触目惊心的灾荒史料》，合阳网（http：//heyang. 678114. com/Html/zhengfu/dashi/20080122522D0C05. htm.）。

[41] 何爱平：《我国西部农业灾害的特点及减灾对策研究》，《经济地理》2001 年第 1 期。

[42] 何庆云：《陕西实业考察记》，文海出版社 1933 年版。

[43] 胡鞍钢、陆中臣、沙万英等：《中国自然灾害与经济发展》，湖北科学技术出版社 1996 年版。

[44] 洪阳、叶文虎：《可持续环境承载力的度量及其应用》，《中国人口·资源与环境》1998 年第 1 期。

[45] 黄玉霞、李栋梁、王宝鉴、何金梅：《西北地区近 40 年年降水异常的时空特征分析》，《高原气象》2004 年第 2 期。

[46] 黄正林：《关于陕甘宁边区森林开发和保护的几个问题》，《中国历史地理论丛》2002 年第 3 期。

［47］黄占斌、山仑：《固原地区生态环境建设与旱地农业发展》，《中共宁夏自治区委党校学报》2001 年第 3 期。

［48］惠富平、王思明：《汉代西北农业区开拓及其生态环境影响》，《古今农业》2005 年第 1 期。

［49］黄崇福、刘安林、王野：《灾害风险基本定义的探讨》，《灾害学》2010 年第 1 期。

［50］季方、樊自立：《近四十年新疆绿洲农业生态经济系统运行态势》，《干旱区资源与环境》2000 年第 1 期。

［51］景可、陈永宗：《黄土高原侵蚀环境与侵蚀速率的初步研究》，《地理研究》1983 年第 2 期。

［52］矫江、许显斌、卞景阳：《气候变暖对黑龙江省水稻生产影响及对策研究》，《自然灾害报》2008 年第 3 期。

［53］蒋和平、辛岭：《北方干旱对我国粮食生产的影响与抗旱对策》，《中国发展观察》2009 年第 3 期。

［54］蒋三登：《关注植物逆境生理切入植保生态调控——从环境胁迫谈园林植保发展的着力点》，《园林科技》2006 年第 1 期。

［55］贾春宁：《城市生态系统的可持续发展研究及其在天津市的应用》，博士学位论文，天津大学，2004 年。

［56］金磊、李沉：《西部危情》，中国城市出版社 2004 年版。

［57］李并成：《历史上祁连山区森林的破坏与变迁考》，《中国历史地理论丛》2000 年第 1 期。

［58］李润乾：《古代西北地区生态环境变化及其原因分析》，《西安财经学院学报》2005 年第 15 期。

［59］李生秀：《中国旱地农业》，中国农业出版社 2004 年版。

［60］李文海：《中国近代十大灾荒》，上海人民出版社 1994 年版。

［61］李文海：《近代中国灾荒纪年》，湖南教育出版社 1990 年版。

［62］李喜霞：《西北地区农牧业交错对生态环境变迁的影响》，《甘肃理论学刊》2004 年第 3 期。

［63］李喜霞：《民国时期西北地区的灾荒研究》，《西安文理学院学报》（社会科学版）2006 年第 2 期。

［64］李晓林：《西部大开发科技方略纵横》，中国农业出版社 2000 年版。

［65］李璇、冯金朝：《西部生态环境的历史变迁与植被现状》，《甘肃联

合大学学报》（自然科学版）2008 年第 3 期。

[66] 李裕元、邵明安：《黄土高原气候变迁、植被演替与土壤干层的形成》，《干旱区资源与环境》2001 年第 3 期。

[67] 李耀辉、张存杰、高学杰：《西北地区大风气候特征研究：近 40 年的时空特征》，见《新世纪气象科技创新与大气科学发展——中国气象学会 2003 年年会"气候系统与气候变化"分会论文集》2003 年。

[68] 林纾、陆登荣、王毅荣、郭俊琴：《1960 年代以来西北地区暴雨气候变化特征》，《自然灾害学报》2008 年第 3 期。

[69] 林业部：《中国林业统计年鉴（1994）》，中国林业出版社 1995 年版。

[70] 刘翠溶：《中国环境史研究刍议》，《南开学报》（哲学社会科学版）2006 年第 2 期。

[71] 刘德祥、董安祥、邓振镛：《中国西北地区气候变暖对农业的影响》，《自然资源学报》2005 年第 1 期。

[72] 刘春玲：《试析清代走西口的成因》，《鄂尔多斯文化》2007 年第 2 期。

[73] 刘慧、张凤丽：《绿洲生态农业开发与干旱区生态安全》，《乡镇经济》2009 年第 12 期。

[74] 刘远等：《中国西部生态系统综合评估》，气象出版社 2006 年版。

[75] 刘昌明：《西北地区水资源配置生态环境建设和可持续发展战略研究》（生态环境卷），科学出版社 2004 年版。

[76] 刘东生：《西北地区水资源配置生态环境建设和可持续发展战略研究》（自然历史卷），科学出版社 2004 年版。

[77] 刘普幸、赵雪雁：《绿洲生态环境建设与可持续发展》，科学出版社 2003 年版。

[78] 刘颖秋：《干旱灾害对我国社会经济影响研究》，中国水利水电出版社 2005 年版。

[79] 罗祖德：《灾害论》，浙江教育出版社 1990 年版。

[80] 吕新、张伟、张风华：《西北干旱区内陆绿洲农业特征及可持续发展策略》，《新疆农业科学》2005 年第 1 期。

[81] 马庆祥：《英国林业的经营现状及发展趋势》，《世界林业研究》

2001 年第 5 期。

[82] 马波：《历史时期河套平原的农业开发与生态环境变迁》，《中国历史地理论丛》1992 年第 4 期。

[83] 马新：《历史气候与两汉农业的发展》，《文史哲》2002 年第 5 期。

[84] 马晓峰、聂峰：《西部生态环境》，甘肃人民出版社 2000 年版。

[85] 马雪芹：《明代西北地区农业经济开发的历史思考》，《中国经济史研究》2001 年第 4 期。

[86] 马宗晋、张业成、高庆华等：《灾害学导论》，湖南人民出版社 1998 年版。

[87] 毛汉英、余丹林：《环渤海地区区域承载力研究》，《地理学报》2001 年第 3 期。

[88] 毛德华、夏军、黄友波：《西北地区水资源与生态环境问题及其形成机制分析》，《自然灾害学报》2004 年第 4 期。

[89] 孟晋：《清代陕西的农业开发与生态环境的破坏》，《史学月刊》2002 年第 10 期。

[90] 苗鸿、王效科、欧阳志云：《中国生态环境胁迫过程区划研究》，《生态学报》2001 年第 1 期。

[91] 倪根金：《试论气候变迁对我国古代北方农业经济的影响》，《农业考古》1988 年第 1 期。

[92] 牛银栓：《水土流失是生态环境恶化的祸根》，《甘肃环境研究与监测》2001 年第 1 期。

[93] 牛绿花：《西北干旱地区农村集蓄雨水的所有权困境及路径分析》，《甘肃政法学院学报》2001 年第 1 期。

[94] 牛文元：《生态脆弱带》，《地理知识》1989 年第 5 期。

[95] 彭珂珊：《干旱对西部地区的危害及防治对策》，《中国农业资源与区划》2002 年第 1 期。

[96] 彭再德、杨凯、王云：《区域环境承载力研究方法初探》，《中国环境科学》1996 年第 1 期。

[97] 钱正英：《西北地区水资源配置生态环境建设和可持续发展战略研究——（综合卷）》，科学出版社 2004 年版。

[98] 秦大河、陈宜瑜、李学勇、丁一汇：《中国气候与环境演变——气候与环境变化的适应、减缓对策》，科学出版社 2005 年版。

[99] 乔青、高吉喜、王维等：《生态脆弱性综合评价方法与应用》，《环境科学研究》2005 年第 5 期。

[100] 任国玉、郭军：《50 年来中国气温变化研究的最新进展》，《气候与环境研究》2005 年第 4 期。

[101] 任继周、唐华俊：《西北地区水资源配置生态环境建设和可持续发展战略研究——（农牧业卷）》，科学出版社 2004 年版。

[102] 任朝霞、杨达源：《近 50 年西北干旱区气候变化趋势及对荒漠化的影响》，《干旱区资源与环境》2008 年第 4 期。

[103] 谭作刚：《清代陕南地区的移民、农业垦殖与自然环境的恶化》，《中国农史》1986 年第 1 期。

[104] 汤长平：《古代甘肃旱灾成因及其防治措施》，《开发研究》1999 年第 6 期。

[105] 童玉芬：《人口变动对干旱区生态环境影响的定量评估模型的应用——以新疆塔里木河流域为例》，《中国人口·资源与环境》2003 年第 5 期。

[106] 宋强、张磊、陈晓：《珠江三角洲经济区域城市生态环境承载力研究》，《生态科学》1996 年第 2 期。

[107] 宋乃平、张凤荣：《重新评价"以粮为纲"政策及其生态环境影响》，《经济地理》2006 年第 7 期。

[108] 陕西省气象局气象台：《陕西省自然灾害史料》，陕西人民出版社 1976 年版。

[109] 陕西省卫生厅编写：《陕西省预防医学简史》，陕西人民出版社 1992 年版。

[110] 史正涛：《黄河中游黄土泥流的特征及分区》，载李鸿琏等《第四届全国泥石流学术讨论会论文集》，甘肃文化出版社 1994 年版。

[111] 史沫特莱著：《中国的战歌》，见《史沫特莱文集》（第一卷），袁文译，新华出版社 1985 年版。

[112] 史培军、苏周、武光：《1999 土地利用变化对农业自然灾害灾情影响机理》，《自然灾害学报》1999 年第 1 期。

[113] 史念海、张岂之：《陕西通史》（民国卷），陕西师范大学出版社 1997 年版。

[114] 石玉林：《西北地区水资源配置生态环境建设和可持续发展战略研

究（土地荒漠化卷）》，科学出版社 2004 年版。

[115] 邵孝候：《农业环境学》，河海出版社 2005 年版。

[116] 束锡红、廖力君：《生态环境变迁与宁夏农牧经济区域开发互动关系分析》，《西北民族大学学报》（哲学社会科学版）2007 年第 2 期。

[117] 孙金铸：《内蒙古地理文集》，内蒙古大学出版社 2003 年版。

[118] 王丹：《气候变化对中国粮食安全的影响与对策研究》，博士学位论文，华中农业大学，2009 年。

[119] 魏琦：《北方农牧交错带生态脆弱性评价与生态治理研究——以内蒙古林西县为例》，博士学位论文，中国农科院，2010 年。

[120] 温艳：《20 世纪 20—40 年代西北灾荒研究》，硕士学位论文，西北大学，2005 年。

[121] 王道龙、钟秀丽、李茂松：《20 世纪 90 年代以来主要气象灾害对我国粮食生产的影响与减灾对策》，《灾害学》2006 年第 21 期。

[122] 王国敏、郑晔：《中国农业自然灾害的风险管理与防范体系研究》，西南财经大学出版社 2007 年版。

[123] 王尚义、任世芳：《两汉黄河水患与河口龙门间土地利用之关系》，《中国农史》2003 年第 3 期。

[124] 王建革、陆建飞：《从人口负载量的变迁看黄土高原农业和社会发展的生态制约》，《中国农史》1996 年第 1 期。

[125] 王家骥、姚小红、李京荣：《黑河流域生态承载力估测》，《环境科学研究》2000 年第 2 期。

[126] 王介勇、赵庚星、王祥峰等：《论我国生态环境脆弱性及其评估》，《山东农业科学》2004 年第 2 期。

[127] 王鹏祥、杨金虎：《中国西北近 45 年来极端高温事件及其对区域性增暖的响应》，《中国沙漠》2007 年第 7 期。

[128] 王让会、宋郁东、樊自立、游先祥：《新疆塔里木河流域生态脆弱带的环境质量综合评价》，《环境科学》2001 年第 2 期。

[129] 王涛：《论秦汉时期人类不合理开发是导致西北生态环境变迁的重要性因素》，硕士学位论文，郑州大学，2003 年。

[130] 王向辉、卜风贤、樊志民：《历史时期西北地区季节性灾害对农业技术选择的影响》，《安徽农业科学》2007 年第 3 期。

[131] 王小丹、钟祥浩：《生态环境脆弱性概念的若干问题探讨》，《山地学报》2003 年第 21 期。

[132] 王玉茹、杨红伟：《略论国家行为与西北生态环境的历史变迁》，《中国社会历史评论》2006 年第 7 期。

[133] 王中根、夏军：《区域生态环境承载力的量化方法研究》，《长江职工大学学报》1999 年第 4 期。

[134] 汪志国：《20 世纪 80 年代以来生态环境史研究综述》，《古今农业》2005 年第 3 期。

[135] 魏一鸣、金菊良、杨存建：《洪水灾害风险管理理论》，科学出版社 2002 年版。

[136] 韦宝畏：《清代兰州地区的人地矛盾与农业技术选择》，《干旱区资源与环境》2008 年第 12 期。

[137] 温艳：《民国时期西北地区灾祸因素探析》，《陕西理工学院学报》（社会科学版）2006 年第 3 期。

[138] 文传浩：《人类活动的环境效应及生态环境变迁研究述评》，《重庆工商大学学报》（西部论坛）2007 年第 6 期。

[139] 吴新年：《西北地区生态环境的主要问题及其根源》，《干旱区资源与环境》1998 年第 4 期。

[140] 吴滔：《关于明清生态环境变化和农业灾荒发生的初步研究》，《农业考古》1999 年第 3 期。

[141] 吴孝兵：《草原畜牧业与灾害性天气》，《环境保护与治理》2001 年第 3 期。

[142] 奚国金、张家祯：《西部生态》，中共中央党校出版社 2001 年版。

[143] 谢金南、李栋梁、董安祥：《甘肃省干旱气候变化及其对西部大开发的影响》，《气候与环境研究》2002 年第 3 期。

[144] 谢莉：《制度变迁与生态环境变迁互动关系研究——以塔里木盆地为例》，博士学位论文，石河子大学，2006 年。

[145] 西北大学历史系：《旧民主主义革命时期陕西大事记述》，陕西人民出版社 1984 年版。

[146] 萧正洪：《环境与技术选择——清代中国西部地区农业技术地理研究》，中国社会科学出版社 1998 年版。

[147] 萧正洪：《论清代西部农业技术的区域不平衡性》，《中国历史地理

论丛》1998 年第 2 期。

[148] 萧正洪：《清代西部地区的人口与农业技术选择》，《中国地理历史论丛》1999 年第 1 期。

[149] 萧正洪：《清代西部地区农业技术选择与自然生态环境》，《中国历史地理丛》1999 年第 1 期。

[150] 萧正洪：《传统农民与环境理性——以黄土高原地区传统农民与环境之间的关系为例》，《陕西师范大学学报》（哲学社会科学版）2000 年第 4 期。

[151] 萧正洪：《清代青藏高原农业技术的地域类型与空间特征》，《中央民族大学学报》2003 年第 6 期。

[152] 许国平、郭文元、聂兴山：《充分利用天然降水是加速黄土高原地区农业发展的必由之路》，《山西水土保持科技》1997 年第 1 期。

[153] 薛平栓：《明清时期陕西境内的人口迁移》，《中国历史地理论丛》2001 年第 4 期。

[154] 严宝文、包忠漠、李靖：《农业环境灾害的发生发展及其与农业可持续发展的关系浅议》，《农业环境与发展》2000 年第 4 期。

[155] 姚兆余：《明清时期西北地区农业开发的技术路径与生态效应》，《中国农史》2003 年第 4 期。

[156] 阎庆生：《抗战时期陕甘宁边区对可耕地的开发和利用》，《甘肃社会科学》1999 年第 1 期。

[157] 杨志娟：《近代西北自然灾害特点和规律初探》，《西北民族大学学报》2008 年第 5 期。

[158] 杨志娟：《近代西北自然灾害与人口变迁——自然灾害与近代西北社会研究》，《西北人口》2008 年第 6 期。

[159] 杨红伟：《论历史上农业开发对西北环境的破坏及其影响》，《甘肃社会科学》2005 年第 1 期。

[160] 杨曼利：《西北地区生态环境治理制度研究》，硕士学位论文，西北大学，2004 年。

[161] 姚兆余：《清代西北地区农业开发与农牧业经济结构的变迁》，《南京农业大学学报》（社会科学版）2004 年第 2 期。

[162] 尹文辉：《我国环境影响评价法律制度的不足及完善》，《辽宁公安司法管理干部学院学报》2010 年第 3 期。

[163] 雍会：《新疆绿洲生态农业经济可持续发展对策研究》，《中国农业资源与区划》2006年第27期。

[164] 郁耀闯、周旗：《宝鸡山区居民的旱灾认知研究》，《安徽农学通报》2008年第23期。

[165] 余丹林：《区域承载力的理论、方法与实证研究——以环渤海地区为例》，博士学位论文，2000年。

[166] 于法稳：《集水型生态农业》，《西北半干旱地区可持续农业发展的模式》，《中国人口·资源与环境》2001年第2期。

[168] 张保见、郭声波：《青海近代的农业垦殖与环境变迁》（1840—1949），《中国历史地理论丛》2008年第4期。

[169] 张传国、方创琳：《干旱区绿洲系统生态—生产—生活承载力相互作用的驱动机制分析》，《自然资源学报》2002年第2期。

[170] 张铭恰：《长安史话》（宋元明清·民国）下册，陕西旅游出版社2001年版。

[171] 张强、胡隐樵、曹晓彦：《论西北干旱气候的若干问题》，《中国沙漠》2000年第4期。

[172] 张凤华、赖先齐：《西北干旱区内陆绿洲农业特征及发展认识》，《干旱区自然与环境》2003年第7期。

[173] 张维慎：《宁夏农牧业发展与环境变迁研究》，博士学位论文，陕西师范大学，2002年。

[174] 张显东、梅广清：《西方灾害经济学模型述评》，《灾害学》1999年第1期。

[175] 张宗祜、卢耀如：《中国西部地区水资源开发利用》，《中国可持续发展水资源战略研究报告集》（第9卷），中国水利水电出版社2002年版。

[176] 赵传君：《风险经济学》，黑龙江教育出版社1985年版。

[177] 赵桂久、刘燕华、赵名茶：《生态环境综合整治与恢复技术研究——退化生态综合整治、恢复与重建示范工程技术研究》，北京科学技术出版社1995年版。

[178] 赵坷、饶爵、王丽丽等：《西南地区生态脆弱性评价研究——以云南、贵州为例》，《地质灾害与环境保护》2004年第2期。

[179] 赵珍：《清代西北地区的人地矛盾与生态变迁》，《社会科学战线》

2004 年第 5 期。

[180] 赵珍：《清代西北地区的农业垦殖政策与生态环境变迁》，《清史研究》2004 年第 1 期。

[181] 赵珍：《清代西北地区生态环境变迁研究》，人民出版社 2005 年版。

[182] 赵珍：《清代至民国甘青宁地区农牧经济消长与生态变迁》，《史学集刊》2005 年第 1 期。

[183] 赵跃龙、张玲娟：《脆弱生态环境定量评价方法的研究》，《地理科学》1998 年第 1 期。

[184] 郑磊：《民国时期关中地区生态环境与社会经济结构变迁》(1928—1949)，《中国经济史研究》2001 年第 3 期。

[185] 中国工程院"西北水资源"项目组：《西北地区水资源配置、生态环境建设和可持续发展战略研究》，《中国工程科学》2003 年第 4 期。

[186] 中国科学院可持续发展研究组：《中国可持续发展战略报告》，科学出版社 1999 年版。

[187] 中国政府白皮书：《中国减灾行动》2009 年，《中国日报》（http：//www. showchina. org/zfbps/ndhf/2009/200905/t325090_ 2. htm）。

[188] 《未来 50 年内长江流域极端气候将增加》，《中国日报》（http：//www. chinadaily. com. cn/zgzx/2009－11/11/content_ 8945940. htm）。

[189] 钟银梅：《历史时期西北开发之纵向考察》，《宁夏师范学院学报》（社会科学版）2008 年第 4 期。

[190] 周晓红、赵景波：《历史时期关中地区气候变化与灾害关系的分析》，《干旱资源与环境》2006 年第 3 期。

[191] 周欢水、申建军、姜英：《中国西部沙漠化的分布、动态及其对生态环境建设的影响》，《中国沙漠》2004 年第 2 期。

[192] 朱士光：《浅论历史时期宁夏地区农牧业开发与环境变迁问题》，《古今农业》1989 年第 1 期。

[193] 朱晓华、杨秀春：《我国农业减灾与农业可持续发展》，《防灾技术高等专科学校学报》2002 年第 1 期。

[194] 朱宏斌、樊志民：《关于历史时期农业开发经营与生态问题的若干思考》，《中国生物学史暨农学史学术讨论会论文集》2003 年。

［195］朱宏斌：《秦汉时期区域农业开发研究》，博士学位论文，西北农林科技大学，2006 年。

［196］祝美群、杨敏丽：《中国农业受灾基本特征及减灾对策分析》，《中国农业大学学报》（社会科学版）2001 年第 1 期。

［197］Aunders D. A., Hobbs R., Margules C. R., "Biological Conse-quences of Ecosystem Fragmentation: Areview", *Conservation Biology*, 1991 (5): 18 - 32.

［198］B. L., J. Shackelford Risk, "Based Analysis of Environmental Monito-ring Data: Application to Heavy Metals in North Carolina Surface Wa-ters", *Environmental Management*, 2002, p. 30.

［199］Blaikie P., Cannon T., Davis I. and Wisner B., *At Risk of Natural Hazards: Peopele' svulnerability and Disasters*. London: Routledge, 1994.

［200］Bogard W. C., *Bringing Social Theory to Hazards Research*. Soci. Persp, 1988, 31 (2): 147 - 168.

［201］Button I. R. Kates W., White G. F., *The Environment as Hazard*. 2nd eds. NewYork: the Guildford Press, 1994, pp. 251 - 253.

［202］Dale. V. H., *The Relationship between Land - use Change and Climate Change Ecological Application*, 1997, 7 (3): 123.

［203］Dow K., "Exploring Differennces in Ourfuture: The Meaning of Vulner-ability to Global Environmental Change", *Geoforum*, 1992, 23: 417 - 436.

［204］Hope, B. K., J. A., "Peterson A, Procedure for Performing Population - level Ecological Risk Assessments", *Environmental Man-agement*, 2000, 25 (3): 110 - 120.

［205］Hurst N. W., *Risk Assessment: The Human Dimension*, Cambridge: The Royal Society of Chemistry, 1998, pp. 233 - 235.

［206］Fashad. A., Zink J. A., "Seekingagrieulturesustainability", *Agrieulture-and Environment*, 1993, 47: 9.

［207］Kates, The Interaction of Climate and Society. In: Kates R. W., Aus-ubel J. H., and Berberian M. (ed.). Interactions of Calamity, Bos-ton, M. A., Alleen & Unwin, 1984: 264 - 283.

［208］Kates R. W. "Sustainability Science", Science, 2001, 292: 110 - 113.

［209］ Knight R. L., Swaney D. P. In Defense of Ecosystems", *Am Nat*, 1981, 117: 991 – 992.

［210］ Holdren J. P., Ehrlich P. R., Human Population and the Global Environmen", *American Scientist*, 1974, 62: 282 – 292.

［211］ King, R. S., Integrating Bioassessment and Ecological Risk Assessment: An Approach to Developing Numerical Water – quality Criteria", *Environmental Management*, 2003, 31 (6).

［212］ Kalnay E., Cai M. 2003, Impaction of Urbanization and Land – use Change on Climate", *Nature*, 423: 528 – 531.

［213］ Makowski M. – Nakayama H., "Natural Environment Management and Applied System Analysis", *Proceedings of Konan – IIASA Joint Workshop*, Laxenburg, Austria, 2001; A – 2361.

［214］ Murray K. S., Rogers D. T., "Ground Water Vulnerability, Brown – field Redevelopment and Land Useplanning", *Journal of Environmental Planning & Management*, 1999 42 (6): 33 – 35.

［215］ Manfred Lenzen, Shauna A. Murray. "A Modified Ecological Footprint Method and Its Application to Australia", *Ecological Economics*, 2001 (37): 45.

［216］ Mitchell, J. K., "Hazards Research", In: Gaile G. L. and Willmott C. J (ed.), *Geography in America*, Columbus, 1989, OH: Merrill: 410 – 424.

［217］ Odum E. P., Finn J. T., " Perturbation Theory and the Subsidy – stress Gradient", *Bio Science*, 1979 (29): 349 – 352.

［218］ Pielke R. A., Avissar R., Influence of Landscape Structure on Local and Regional Climate Landscape Ecology, 1990 (4): 46.

［219］ Palm R. I., *Natural Hazards: An Integrative Framework for Research and Planning*. The London: JohnsHopkins University Press, 1990, pp. 256 – 260.

［220］ Rasmussen P. E. Goulding K. W. T, et al. "Long – term agro – ecosystem Experiments: Assessing Agricultural Sustain – ability and Global Change", Science, 1998 (282): 26 – 33.

［221］ Smith, J. B. and C., "Pitts: Regional Climate Change Scenarios for

Vulnerability and Adaptation Assessment", *Climate Change*, 1997 (36): 3-21.

[222] Timmerman, P., Vulnerability, Resilience and Collapse of Society", *Environmental Monograph* 1, Toonto: Institute for Enviromental Studies, 1981.

[223] Turner II. B. L. , "The Sustainability Principle in Global Agendas: Implication for Understanding Land use/land Cover Change", *The Geographical Journal*, 163 (2) .

[224] Wilson R. , Crouch E. A. C. , " Risk Assessmentand Comparison: An Introduction", *Science*, 1987, 236 (4799): 267-270.

后　　记

　　得知毕业论文答辩通过，心中重石轰然落地，距离毕业日期屈指可数。回想博士求学历程，三年有半，其中滋味，苦辣酸甜唯有自知。在临近毕业之际，对于曾经给予帮助、关心和支持的老师、同学和亲友表达我最真诚的谢意。

　　衷心感谢我的导师卜风贤教授。论文是在老师悉心指导下完成的。三年来导师在论文开题、大纲设计、正文写作、论证修改及论文发表方面多次给予精心指导和无私帮助。感谢导师带我走进灾害史领域，在老师指引下我开始真正关注历史灾害，钻研灾害发展历程；感谢导师鼓励我参加各种学术研讨会，开阔研究视野，提升科研能力；此外，对师母雷玲老师在生活上的亲切关怀表示感谢！

　　衷心感谢樊志民教授，樊老师是我硕士阶段的指导教师，老师知识渊博、待人诚恳，时常询问自己的工作问题。感谢老师带我走进农史学科，悉心教授知识并顺利完成博士阶段学业。对在博士学习阶段的指导老师张波教授、王征兵教授、李世平教授、王礼力教授、李丽霞教授、朱宏斌副教授、陈遇春教授、安鲁老师、吴宾老师、卫丽等老师，在此表示衷心感谢！

　　感谢资源环境学院的李生秀教授，李老师学风严谨，多次对论文提出修改建议，并对论文写作多次提供理论指导。李老师年事已高，仍身体力行，认真修改论文，对李老师这种敬业精神深感敬佩，并再次表示诚挚谢意。同时对文章提供帮助的云南师范大学陈英老师、山西大学的殷杰教授表示感谢！对共同学习和给予帮助的商兆奎、赵婉莹、任耀飞、程伟、贺书霞、赵靖伟、李继刚、夏支平、卞辉、景晓芬等同学表示感谢！

　　最后要深深感谢我的亲友们！你们是我学业的坚强后盾。感谢我的母亲，虽然远在天国，对您的缅怀之情一直是我前进的动力！感谢父亲对我刻苦学习、力求上进的谆谆教导和无私资助！感谢大哥、大嫂和二哥、二嫂对我在生活和学业上的无私关怀和热忱帮助！感谢岳父母每次不远千里来这里替我们照顾女儿，替我排忧解难！最感谢我的爱人和亲爱的女儿一直陪伴我度过博士阶段，尤其是我的妻子薛妍红，任劳任怨，一人挑起家庭经济重担，在紧张繁重的工作之余还帮我修改和校对文章，每当看到她头上白发增多，真是于心不忍，在这里对你说声：你辛苦了！谢谢你！

王向辉

2011 年 11 月 25 日于杨凌